1. 2023年度广西职业师范学院科研项目“常态化疫情防控背景下社区志愿服务效能提升研究——基于项目化管理的角度”（项目编号：23KYA14）
2. 2020年广西哲学社会科学规划研究课题“广西基层社区应急管理能力建设研究”（项目编号：20FZZ001）
3. 2022国家社会科学基金项目“边疆市域社会治理现代化的新疆实践与法治保障研究”（项目编号：22BSH007）

城市社区管理与发展研究

汪 静 著

中国商业出版社

图书在版编目（CIP）数据

城市社区管理与发展研究 / 汪静著. -- 北京 : 中国商业出版社, 2023.2

ISBN 978-7-5208-2352-4

Ⅰ. ①城… Ⅱ. ①汪… Ⅲ. ①城市 – 社区管理 – 研究 – 中国 Ⅳ. ①D669.3

中国版本图书馆CIP数据核字(2022)第226833号

责任编辑：王 静

中国商业出版社出版发行

（www.zgsycb.com 100053 北京广安门内报国寺1号）

总编室：010-63180647 编辑室：010-83114579

发行部：010-83120835/8286

新华书店经销

定州启航印刷有限公司印刷

*

710 毫米 ×1000 毫米 16 开 11.5 印张 190 千字

2023 年 2 月第 1 版 2023 年 2 月第 1 次印刷

定价：68.00 元

* * * *

（如有印装质量问题可更换）

PREFACE

前言

我国的城市化进程不断加快，基础设施也越来越完善。随着人民生活水平的不断提高和住房、养老、医疗、就业等各项制度改革的深入，城市居民与所在社区的关系越来越密切。社区工作者不仅关注社区的发展，参与社区的活动，还在社区的居住环境、医疗卫生、文化娱乐等方面满足社区居民多样化、多层次的需求。社区服务是我国社区管理的最初形式，这种服务是在合理、充分地利用社区资源的基础上，组织、引导社区居民之间相互交流、沟通和融合，通过各种便民、利民服务满足居民多样化的物质需求和精神需求。加强社区管理，就是要不断满足居民多方面、多层次的需求，提高居民的生活质量，为居民创造一个舒适、整洁、方便、安全的生活环境，以体现党全心全意为人民服务的根本宗旨。社区是城市最基层的构成单元，社区的稳定对整个城市甚至整个社会的稳定起着至关重要的作用。

城市社区管理是一种社会管理活动，这种管理活动的基础是居民生活在同一地理区域内，这种管理活动能够反映社区居民内心的想法，能够尽量满足居民的共同愿望，实现居民的共同利益。城市社区管理的内容涉及社区的方方面面，如医疗、卫生、文化、经济、安全等，能够保证社区服务的供给，保证公共卫生事业的健康发展，提升社区居民的文化素养，强化社区的功能，共同解决社区问题，增强社区的经济实力，提高社区成员的生存质量，维护社区的治安稳定。

本书共分为九章，分别从城市社区管理主体、城市社区管理模式、城市社区文化管理、城市社区工作者管理等不同维度进行了探讨。本书力求在结构上系统精练、在理论上深入浅出、在内容上新颖全面、在模式上纵横比较，以便帮助读者对城市社区管理与发展有一个更加深入的了解。

汪静

CONTENT

目 录

第一章　城市社区管理主体

第一节　政府组织与社区党组织

一、政府组织

（一）街道办事处

街道办事处是区人民政府的派出机构，受区人民政府领导，依照法律、法规的规定，在辖区内行使相应的政府管理职能。街道办事处的设立、变更或者撤销，都应该根据地域条件和居民分布状况而定，符合便于联系群众的要求。街道办事处的设立、变更或者撤销，由区人民政府向市民政局提出，市民政局审核同意后报市人民政府批准。街道办事处的行政事业经费和办公用房，由区人民政府按照国家、省和市的有关规定解决。

1. 街道办事处的地位

中国城市社区工作主要是在政府强有力的推动下，由街道党工委、办事处以及有关职能部门具体操作，在街道这一层面上进行的。目前，中国大多数城市社区工作模式大体可以表述为政府推动、街道支持、居委操作、各方参与、社区共建。由此就可以看出街道在社区管理中占有非常重要的地位。在发挥传统街道工作的独特优势，借鉴外国城市社区工作的有益经验，建立中国特色城市社区管理模式方面，中国许多城市都进行了有益的探索。

在当前阶段，一些地方的城市社区具有两重性。一方面，街道办事处作为区人民政府的派出机构，实际上却成为以行政方式对基层社会进行行政管理、社会管理与服务的综合性组织，主要负责办理与街道居民相关的行政事务和公共事务，并且与广大市民的生活状况直接关联。另一方面，自改革开放以来，街道工作体制除了承担过去的单位体制才能覆盖的那些服务保障职能外，还要承担企业改革剥离的大量社会服务、社会管理、社会保障功能以及行政管理改革过程中分化出来的社会管理和社会服务职能。而这些职能从内容上看基本都属于现代化城市社区工作的范围。由于街道工作体制还没有完全摆脱原有的“剩余体制”的现状，它在职能转换的压力下，不论从体制、运行机制还是操作方式上，都需要改变过去单一靠行政方式的局面，进一步转换为行政、法律、经济、社团并存的多元化机制。

2. 街道办事处的人员结构

街道办事处作为区人民政府的派出机构是社区的基层行政组织，因而承担着大量的城市管理工作，如社区治安、市容卫生、劳动就业、文化教育、民政福利等。但是，因为法律和规章授予街道的行政权力非常小，街道和居委会干部的年龄偏大，文化程度又偏低，再加上街道财力不足，所以工作难度较大，街道这一级在管理上所承受的压力是超负荷的。为了加强街道干部队伍的建设、提高干部队伍的素质、充分发挥第三级管理的功能，各街道在行政编制配置中，应按照国家公务员的标准调整人员结构。

（1）年龄结构的调整。将当前 45 ～ 55 岁人员的年龄调整为 25 ～ 35 岁、35 ～ 45 岁、45 ～ 55 岁各 1/3 的梯形结构层次。

（2）知识结构的调整。在街道机关工作的干部文化程度要达到大专以上学历，并且可以通过招聘大专院校的毕业生和培养有发展潜力的在职干部优化队伍结构。

（3）干部来源的调整。通过双向选择，选派一批素质好、懂专业、协调能力较强的干部充实街道办事处，同时通过招聘的方式吸收社会上的人才。

3. 街道办事处的职能

作为市或区政府的派出机构，街道办事处是第三级管理的直接实施者，在社区工作中是主持者，集行政、事业、资源供应等职责于一身，在社区工作中发挥着非常重要的作用。

（1）街道办事处主要主持城市社区工作的组织、协调与管理工作，以有效履行行政职能。中国的社区管理委员会是直接在街道办事处的主持下成立的，街道办事处的主要干部也是社区管理委员会的主要成员。除此之外，在社区条块关系的协调、社区工作者队伍的组织管理等方面，街道办事处都承担着非常重要的责任。在中国条块关系还没有理顺、专业社区工作管理组织以及志愿组织发育并不完善的情况下，街道办事处发挥了作为政府派出机构的行政职能。

（2）街道办事处主持社区内的工作规划与操作，履行了事业单位职能。在社区工作的项目规划、设施建设、活动安排等具体的工作当中，街道办事处是实际的主持者。

（3）街道办事处主持社区工作的资源开发，履行了经济组织的职能。目前，中国社区服务的实施投入、社区活动经费以及社会工作者的报酬大部分依赖于街道经济的积累与创收。街道办事处兴办街道经济，发展第三产业，街道自筹资金在社区工作投入中占有非常重要的地位。

（二）街道党工委

1. 街道党工委的核心职能

街道党工委是街道各种组织和各项工作的领导核心，也是党的建设、人大工作、工青妇、精神文明建设和文化建设的协调者与组织者。在班子内部实行合理分工，保证政令畅通，按照职责分工与多能化要求相结合的原则，克服以党代政现象，采取委托式负责等工作方式，使党工委主要领导腾出精力多学习、勤思考。加强与人大代表、政协委员的沟通，注重发挥人才资源的作用，采取举办代表、委员联系会或座谈会，组织参观、视察等多种途径，得到他们对街道工作的支持，发挥好监督作用。

2. 街道党工委的职责和任务

街道党工委是区委的派出机关，是街道各种组织和各项工作的领导核心。

开展社区党建工作，关键在于加强和改进街道党建工作，充分发挥党工委的领导核心作用。街道党工委的职责和任务包括以下几个方面。

（1）宣传、贯彻党的路线、方针、政策和国家的法律、法规，执行上级党组织的决议、决定，团结、组织党员和群众，保证党和政府各项任务在辖区内顺利完成。

（2）讨论决定本街道社区建设、社区管理、社区服务、街道经济发展、精神文明建设、社会治安综合治理等方面的重大问题，对辖区内社会性、群众性、公益性的工作负全面责任。协调有关部门，动员各方力量，整合各类资源，服务社区群众，为共同推进和谐社会作贡献。

（3）领导街道办事处和街道工会、共青团、妇联等群众组织，并对区有关职能部门设在街道的派出机构实行双重领导。领导或指导社区非公有制经济组织、社会团体和社会中介组织开展党的工作。

（4）支持和保证行政组织、经济组织和群众自治组织依照法律、法规和各自的章程充分行使职权，协调好各方面的关系。

（5）加强党组织的自身建设，充分发挥党工委的领导核心作用、党支部的战斗堡垒作用和党员的先锋模范作用。

（6）按照干部管理权限，做好本街道干部的教育、培养、任免、考核和监督工作。协助上级有关职能部门做好其派出机构负责人的监督和管理工作。

（7）领导街道的思想政治工作和精神文明建设。

3. 街道党工委的机构设置和人员配备

（1）街道党工委设书记 1 名，副书记 2 ～ 3 名。街道办事处设主任 1 名，副主任 3 ～ 4 名。党工委领导职务和办事处领导职务可以兼任。

（2）党工委设办公室、组织科、宣传科等职能部门，相应设置党的纪检机构。街道的统战、武装、老干部、群众等其他工作，应配备专职人员负责。街道机关工作人员编制中，党群系统人员应占总编制的 1/4 ～ 1/3，不得以任何理由降低这一比例。为了加强社区党建工作，街道党工委可配备 1 名副处级非领导职务的干部。

（3）街道党政机关配置国家机关行政编制，一般每个街道机关定编 60 名左右。

二、社区党组织

（一）城市社区党组织

社区是指聚居在一定地域范围内的人们所组成的社会生活共同体。目前，城市社区的范围，一般是指经过社区体制改革后做了规模调整的居委会辖区。在我国，社区党组织是在社区内建立的党的基层组织。街道、乡镇党的基层委员会和村、社区党组织，负责领导本社区工作，并且支持与保证行政组织、经济组织和群众自治组织充分行使职权。

城市社区是与农村社区相对应的概念。城市社区是指城市中由多数从事工商或其他非农业活动的人组成的社区。城市社区党组织是以城市社区居民委员会辖区为单位建立的党组织。城市社区是我国城市基层社会管理的基本单位，因此城市社区党组织不仅是社区各类组织与各项事业的领导核心，还是党在城市社区最基层的战斗堡垒，是党加强在城市基层社会领导的关键。城市社区党组织在社区中的作用主要体现在思想导向、决策把关、组织保证和生活表率四个方面。

（二）城市社区党组织服务能力

城市社区党组织的服务能力是指社区党组织提供服务以满足社区群众各种需求所应具备的能力。城市社区党组织作为党在城市基层执政的组织基础，以人民利益的维护为立党之本；在市场经济条件下，城市社区党组织要想更好地满足群众需求就必须具备一定的服务能力。城市社区党组织利用执政权威和组织资源，获得了更广泛的资源，并通过密切关注群众需要，对已掌握的资源进行重新整合、调配，最终转换为满足社区群众需求的服务。其中，城市社区党组织的服务能力主要由服务理念、服务知识和技能、服务方式、服务效能构成。其构成要素具体体现如下：服务理念——党的群众观念、为人民服务的宗旨；服务知识和技能——贯彻方针政策的能力、科学的社会管理能力；服务方式——党的群众路线的践行；服务效能——整合资源、民主监督。

（三）城市社区党组织服务的特征

对于城市社区党组织服务的特征，可以从城市社区党建工作和党的群众工作的特征中得到一些启发。社区党建有四性：地区性、社会性、群众性、公益性。社区党建工作与单纯的社区工作相比又是政治工作，与单纯的群众工作相比又是社会工作。无论是社区工作还是社区党建工作，两者都不能单纯依靠行政指令强制性地完成，而是主要通过引导、协商等非权力性手段来推动，且都要以服务作为切入点进行推进。因此，本书把城市社区党组织服务的特征概括为政治性、群众性、整合性和社会性。

1. 社区党组织服务的政治性

党的方针政策要靠基层党组织去落实，社会和谐稳定要靠基层党组织去维护，人民群众投身改革和建设的积极性与创造性要靠基层党组织去发掘。相对于社区其他服务主体，社区党组织的服务有着明显的政治性。作为基层执政党，社区党组织要想把党的政治主张灌输到群众的思想中，让群众乐于接受，就必须密切联系群众、得到群众的普遍拥护和支持。同样，要想把党的宗旨和执政为民的理念落实好而不是停留在口号上，就必须切实维护群众利益、满足群众现实需要，否则会严重损害党的执政基础。

2. 社区党组织服务的群众性

一般来说，社区服务主体开展的服务有特定的对象，而社区党组织开展的服务具有广泛的群众性。共产党人强调的是整个社会共同的、不分民族的利益。进入执政时期，阶级基础和群众基础依然是政党赖以生存和发展的依托。即党执政地位能否巩固，关键在于能否得到人民群众的普遍拥护和支持。社区党组织是最接近群众的基层党组织，忠实代表群众利益意味着以服务广大人民群众为己任，使群众需求得到满足、根本利益得到维护。社区党组织服务群众，并不针对某类特定群体，而是要为整个辖区范围内各阶层、各领域的普通群众，同时包括社区内各类单位、组织团体提供服务。

3. 社区党组织服务的整合性

与其他社区服务主体提供直接的物质或精神层面的服务不同，社区党组织通过增强凝聚力，并利用自身的组织优势，作为群众利益的忠实代表争取社会力量的参与来满足群众的需要。社会转型期党的组织资源出现一定的弱化，而城乡社会资源成为党执政的一大资源。社区党组织服务群众就要盘活社区各种服务资源，寻找利益平衡点、化解价值观上的分歧，提供服务平台与载体，引导社区各类主客体的积极参与。通过做好社会服务资源和群众需求的衔接工作，体现党组织整合服务的功能。

4. 社区党组织服务的社会性

社区是以一定地理区域为基础的人类生活共同体，社区党组织服务的社会性强调服务群众应该有群众力量、社会力量的共同参与。社区党组织的服务不是“包办”和“越位”，而是在遵循城市社区发展的内在规律的基础上，强调社会的广泛参与。社区党组织通过鼓励辖区单位、社会组织和志愿者等多方社会力量积极参与社区服务，使服务项目专业化、多样化，提高服务质量和效率的同时促进社区服务的社会化。

（四）城市社区党组织服务群众的必要性

1. 满足群众多元化的需求

胡序杭认为，政党的活动总是处于一定的社会生态环境之中，其基层组织设置、工作方式和活动方式必须考虑政党所运作空间的变化，以及其他主体的现实诉求。[①] 社区党组织服务群众的工作要想落实好就必须考虑当前形势下群众的现实诉求。

城市社区居民异质性增强，服务需求层次多样。西方国家把社区定义为地域上相近、同质性较强的人群聚居地，相比之下中国城市社区兴起的时代背景比较特殊。改革开放以来，经济社会发展加快，比较严格的城乡界线和地域界线被逐渐打破，人口流动速度不断加快，规模也不断增大，城市的聚集效应就更加明显；社会转型造成的社会利益分化和社会群体分化日益显现，即使是在社区，利益关系交织的复杂性也表现突出。城市社区已然不是传统的“邻里社会”“乡土社会”，居民们表现出较强的异质性，除职业身份、成长背景、社会阶层等方面，他们在对所居住社区的认同感、对社区服务内容和质量的需求上都存在着较大差异。

城市经济、社会发展较快，服务需求水平提高。尽管在社区群众中还存在阶层分化的现象，但全面建成的小康社会，表明了群众富裕程度的提高。随着生活水平的不断提高，群众对于社区服务的期望也从“满足”转变为“满意”；社区服务的着眼点在于促进社区群众走向全面发展来满足不同群众需求。城市

① 胡序杭．融入社会：社区党建工作的创新——以服务党员服务群众为视角[J]．长白学刊，2011（2）：48-52.

社区的服务要囊括群众发展的各个方面，如教育、文化娱乐、公共设施，甚至社区的生活氛围和发展环境。

与此同时，城市社区集聚了可以满足群众各方面要求的服务资源。与农村社区相比，城市的基础设施建设相对完善，社区管辖范围内的科、教、文、卫部门也比较多；城市产业结构较为完整，工商业较发达，使城市社区内聚集了较多的商铺、企业；同时，近年来与群众生活息息相关的服务业也得到较大发展。但目前的问题在于，一方面，在计划经济体制下，这些资源之间并没有联系；另一方面，现代城市社区的主体基本为经济导向型，所以缺乏服务群众、奉献社区的自觉性，也不清楚应当以怎样的方式提供服务。在这种情况下，社区党组织就要利用党和群众密切联系的政治优势，并发挥好统筹全局、组织协调的服务作用，既要最大限度地调动资源，又要尽量合理配置资源以避免各主体因利益交织、运作方式不同而各自为政，或摸不清群众需求而盲目参与，使社区服务供需失衡，造成社会资源浪费。

2. 贯彻党的群众路线的需要

群众路线是中国共产党在长期的革命斗争中经过反复实践形成的根本工作路线。党的中心任务和历史方位发生了重大变化，从依靠人民的革命党变成了领导人民的执政党，党的干部只有贯彻好群众路线才能在党和国家领导的各项事业中体现为人民谋利益的宗旨。坚持群众路线、密切联系群众，是在具体执政活动中践行好党的宗旨的第一步。

作为城市中最基层的党组织，社区党组织能否贯彻好“群众路线”，很大程度上取决于党对整个城市工作的渗透力。作为基层执政党，社区党组织核心作用的发挥是以联系和依靠群众为基础的。社区党组织是最贴近群众，最能使广大群众产生依赖感和信任感的。党和国家的各项惠民政策能否落实，群众的现实利益问题能否得到解决，都取决于社区党组织是不是真的深入到群众中去倾听民声、反映民意；是不是与群众站在一起，将党的宗旨落实在为群众排忧解难中；是不是在工作中做到“民有所呼，则有所应；民有所需，则有所为”。

通过党员与群众的密切联系，可以解决群众反映强烈的问题，把党的宗旨落到实处；通过行求真务实之风，可以改善党群关系，赢得群众拥护；通过党内批评进行党员干部自我反省、自我净化，可以提高党的队伍的战斗力。

3. 实现科学社会管理的需要

城市社区党组织所处的时代及环境发生了很大变化。表现在城市中，“单位制”解体、基层管理体制改革、社会问题日渐凸显，人们的生活方式、行为方式不断改变，城市社区成为人民生活的中心和依托，社区党组织作为新时期城市社区的领导核心。社区个体、群体不断增多，环境更加复杂，社区党建工作已经将社区的党政机关、部队、院校和企事业单位全部包容进来，单位众多，其性质、规模、级别各异，是一个庞大而复杂的“民心”工程。[①]社区党组织必须适应时代变化，深入研究社区发展的基本情况，与时俱进，转管理为服务。

现代城市社区的发展在客观上要求党组织转变发挥领导作用的方式。在市场经济条件下，社区党组织只有通过更真诚的服务，才能增强党的工作的渗透力、影响力，从而实现各类服务资源的有效整合和优化配置，即以服务的理念和手段实现对城市基层社会的有效管理。科学管理还必须遵循社区的发展规律，强调社会多方力量的积极参与，使社区治理实现共治、善治。城市社区党组织以做好群众工作的态度和方式进行社会管理，并没有削弱党的执政权威，反而可以激活基层党组织在社会中存在的价值。

4. 扩大与落实基层民主的需要

在城市社区实现基层民主有着重要的意义。民主是社会文明的重要标志，也是中国人民一直以来的不懈追求。就国家层面来讲，由基层民主推动社会民主作用明显。人民群众的政治参与是党的优势。社区是城市居民实现政治参与、表达意愿的重要场所，社区党组织通过引导群众行使权利，使社区各阶层群众的现实诉求得到重视，也使社区党组织在整合利益的基础上做好社区工作。只有充分尊重群众的民主权利，才能使社区工作得民心，也才能使党组织及时解决社区矛盾，做好利益兼顾和维护公平正义的工作，从而实现城市社区的安定团结。

社区党组织引导群众实现基层民主自治，有着一定的必然性。可以看到，群众在履行民主权利的过程中，还缺乏实践能力。之所以由党组织作为人民的引路人，是因为政党是代表群众利益的政治团体。人民的民主必须要靠人民的

① 聂周勇，杨新军．整合社区资源拓展社区服务领域[J]. 新东方，2004（10）：62-64.

党来推动。社区党组织在组织群众理性行使公民权利的同时，就是帮助人民实现了当家作主。而事实上，社区党组织只有支持群众当家，最广泛地动员和组织群众参与社区管理和社区各项事务的决策，并接受群众的监督，才能真正实现社区群众的根本利益。

新形势下的基层治理要求实现社区民主化，使普通市民有权参与社区公共事务管理，从而在基层社会实现市民与国家、市场的良性互动和合作。与此同时，目前多数城市社区群众参与的积极性并不高，或者不关乎切身利益的就不管不问。但应该看到，物质生活水平显著提高的背后，实际是为民主发展积累了所需的物质基础；经济社会全面进步也表现在普通群众公民意识、民主意识和法治意识的逐渐觉醒。群众参与需要更加制度化，需要党调整和改革原有的社会整合与政治调控模式。社区事务公共性较强、涉及利益面较广，要想使社区党组织决策更加科学合理，就必须在认识和把握执政规律的基础上，在密切联系群众、服务群众的过程中深入理解群众的政治需求，不断探索和拓宽群众依法有序的参与途径，促进决策的民主化。

第二节　社区居委会

一、社区居委会功能分析

根据《中华人民共和国城市居民委员会组织法》（以下简称《组织法》）的规定，居民委员会是自我管理、自我教育、自我服务的基层群众性自治组织。居民们通过社区居委会这一组织形式，通过自行选举、自行管理社区事务、开展社区服务活动、协助政府管理事务等方式来充分行使自己当家作主的权利，积极参与到社区事务的管理和建设中来。一个社区要建立一种平等交换、守望相助的规范，依赖于社区自治组织的建立，只有在此基础上，居民之间的互动才能更频繁。这种失范状态的改变，要求社区居委会回归其自治功能，规范其在社区中的定位。事实上，体现社区居委会的自治特色，能减轻社区居委会的行政负担，从沉重的行政工作中脱离出来，专心从事有利于社区居民的自治事务管理，提高居民对居委会的认同度。相关研究表明，在社会资本的各种因素中，社团因子和社区认同因子对于居民的政治参与和自治参与起着更为积极的作用。一方面，树立社区居委会在居民心中的形象，让社区居民真正感受到居委会在管理自己的事务、解决自身的问题，才能提高社区居民对居委会的认同度；另一方面，居委会从事自治事务管理，也便于社区居民通过居委会自治这一途径有效参与到社区管理中来。

二、社区居委会的定位及转型

（一）社区居委会的现状及“去行政化”的实践

社区居委会是基层社区治理体系中的关键组成部分。《组织法》从法律上将社区居委会界定为居民自我管理、自我教育、自我服务的基层群众性自治组织。但是社区居委会在实际运行的角色扮演中，承担着过多上级下派的行政任务，成为地方政府实施社区行政管理工作的末梢。社区居委会具有了“行政性”和“自治性”的双重属性，不仅是社区居民行使自治权利的代表人，还是国家在基层进行行政管理的代理人，社区居委会承担的各种行政任务应接不暇。①

针对社区居委会的“行政化”现象，学者们进行了诸多探讨。从社区居委会“行政化”的表现来看，主要体现为组织设置功能与职能行政化、组织制度与权力行使行政化、经费收支行政化、运行方式与考核机制机关化、成员公职化、组织结构科层化等。社区居委会被嵌入地方的行政体系之中，造成了角色定位的偏离。过度的行政化取向，限制了社区自治的动力和活力，不利于社区居委会治理能力和水平的提升。

因此，社区居委会的“去行政化”议题迫在眉睫，引发各地在社会改革实践中进行了多维度的尝试，形成多维度的探索模式。

“居站分设”是通过单独建立负责行政性事务的社区工作站，为社区居委会减负。但这种方式一方面是由行政力量主导的，社会自治力量难以得到充分调动；另一方面则存在着“社区工作站行政工具化、社区居委会边缘化等困境”。

① 孙柏瑛．城市社区居委会“去行政化”何以可能？[J]．南京社会科学，2016（7）：51-58.

撤销街道办事处的探索虽然缩短了行政序列，但是使得社区居委会直接与区级政府部门对接，增加了社区人员的工作量。

为社区居委会减负，在一定程度上减轻了社区居委会在应对行政性任务方面的压力，但是长期以来的制度惯性使得居民仍依赖社区居委会出具相关证明。此外，上级领导批示或上级部门打招呼等临时性、突击性的行政任务依然大量存在；而且减负也只是在量上的调整，并未从深层次激活社区内部的自治力量。

（二）社区治理与居委会自治功能的探索

社区居委会如何在社区治理中更好地发挥社会自治职能，学术界和实务界已有诸多探讨。

第一，从理论上关注社区居委会的行政性与自治性的关系。李友梅梳理了中国社区建设中的“基层政权建设”与“基层社会建设”两种理论取向，认为二者关注的实践过程并不是分离的，而是密切联系的，中国社区建设不仅是国家基层政权建设的过程，还是基层社会发育的过程。[①] 张翼从当前社区治理中的“强他治”与“弱自治”出发，认为行政科层扶持的社区居委会“强治理”是必要的，但自治的“弱治理”状况需要改变，应在继续维持“强他治”特征的同时建构“自治”的社会组织基础。[②] 社区居委会作为政府部门的基层代理人与社区居民的利益代表人身份并非对立，而是互促共生的，关键在于基层治理主体的功能资源优配。[③] 在基层社区治理过程中，一方面要优化社区居委会的各种资源，包括行政性资源，另一方面社区居委会要运用自身的优势和地位引导并推动社区自治力量的生成，形成社区治理共同体的协调发展格局。

第二，有的学者通过案例分析，总结社区居委会自治职能有效发挥的路径。郑杭生等基于北京市社区管理体制改革实践，提出参与式治理的社区治理体系，以最大限度地吸纳居民参与社区公共生活。王春光分析成都基层社会治

① 李友梅．社区治理：公民社会的微观基础 [J]．社会，2007（2）：159-169，207.

② 张翼．全面建成小康社会视野下的社区转型与社区治理效能改进 [J]．社会学研究，2020，35（6）：1-19，241.

③ 刘太刚，刘开君．居委会“去行政化”：错误理论误导下的“骑士战风车”——基于需求溢出理论的广义社会组织论的逻辑 [J]．北京师范大学学报（社会科学版），2017（3）：118-125.

理创新实践，通过院落治理激发居民参与公共事务的积极性，并提高居民议事水平，在此过程中，居委会则扮演着监督、连接资源的角色。[①]

对于居民参与社区服务并调动更多的社区居民参与社区事务来说，社区居民的再组织化是其中的关键，培育社区志愿者组织，通过社区民间组织实现社区层面的组织化，是中国当前社区管理的重要途径。社区居委会的治理转型并不是强调由社区居委会直接向社区居民提供社会服务，而是如何更好地发挥居委会的枢纽功能，通过培育社区社会组织连接多元主体、多重资源，引导居民以组织化的形式有效参与社区治理。本书关注、探讨的主要问题如下：一是在社会治理新格局下，社区居委会如何增能，如何实现行政性资源和社会性力量的双重赋能；二是如何定位居委会的职能，以更好地协调多方资源，发挥其培育社区社会组织、激发社区居民参与活力、增进居民互助和志愿服务的作用。

第三节　社区居民与业主

一、社区居民

（一）社区居民角色和职责

居民在社区公共物品供给协同中的角色十分特殊和重要，因为居民既是社区公共物品的消费者，又是社区公共物品的供给者，具有双重性。居民应当清楚地意识到自身在社区公共物品建设中的角色，既不是单一的公共物品享有者和消费者，也不是被动的管理对象，而是有权参与多元主体供给协同中需求表达、监督评估、运营维护等过程的治理主体。可以看出，社区居民是社区公共物品供给的重要参与力量，其中蕴藏着巨大的发展潜能，居民的主动参与对于提高目前社区公共物品协同供给效率具有重要意义。综上所述，将社区居民的参与角色定义为以下几个方面。

第一，诉求表达和内容设计者。社区公共物品只有契合居民的实际需求才

① 王春光．成都基层社会治理创新实践的观察和分析[J]．先锋，2017（11）：46-48.

能体现供给价值和效率，而在社区中，没有比居民自己更及时、更清楚地了解自身需求，所以居民是社区公共物品最理想的内容涉及者，其需要的更多是需求表达渠道的畅通。

第二，协同监督和评价反馈者。居民在消费公共物品时，可以对供给主体进行监督，防止其为了个体利益而降低公共服务质量，并将自身消费体验中的问题和意见向供给主体或政府部门反馈。

第三，成为社区公共物品供给参与者。居民可以共同兴趣爱好或者价值取向为纽带，成立社区民间组织，形成社区互助服务，包括社区互助信息服务、社区互助志愿服务、社区互助商业服务等，提高自我供给和服务能力。

综上所述，居民在社区公共物品供给中的主要职责为：需求表达、建设决策与公众参与；供给监督、评价，消费意见反馈；维护社区治安、环境和公共服务设施等；积极参与社区公益活动；遵守社区公约和规章制度等。

（二）社区居民归属感分析

1. 概念界定

（1）归属感。归属感是指个体对在某一对象的接纳和认同的基础上，与这一对象发生密切联系的程度。个体归属的对象可以是一种职业、一个地方，也可以是一种组织或者集体。马斯洛的需要层次理论认为归属的需要是指个体加入一定的组织或者团体、被团体成员接纳和尊重的愿望。根据这个理论，归属感就是个体对归属的需要能够得到满足的渴望及其得到满足后带来的心理体验。也有研究者认为归属感是人际关系的一个方面，与孤独感相对立，这个意义上的归属感与个体的人际支持关系密切。与归属感相伴的心理通常包括依赖感、责任感、认同感和占有欲。

对于“归属感”的英文释义主要有三种：sense of belonging、attachment 和 commitment。sense of belonging 强调物质的所属关系和身份归属，如“我的户籍在某个社区”“我在某个社区生活”；attachment 突出个体对某个对象的喜爱和依恋，严格意义上含有“感觉”或者“感受”的心理成分，喜爱和依恋包括对对象的认同和接纳并与其发生密切关系的倾向；commitment 表示对归属对象的义务、忠诚和承诺，突出个体要自己归属的对象承担相应的义务和作出一定的承诺，具体的行为表现就是为自己归属的对象作出贡献。总结归属感的上述三种释义，可以将其分为三个层次：身份归属、对象认同和行为承诺。在这一点上，归属感层次与归属感的相伴心理是极其相似的。归属感对个体和群体都有重要的意义。对个体而言，归属于某一个群体的意义不仅在于让个体具有某一个群体身份，更重要的是能够为个体带来更多的社会支持，这种社会支持包括从最基础的物质支持到最高级的精神支持。对于群体而言，个体对群体的归属感是群体凝聚力和群体动力的来源和重要组成部分，对保持群体的整体性和稳定性、促进群体发展具有重要意义。

（2）社区归属感。《中国大百科全书》将“社区归属感”定义为：“社区归属感是居民把自己归入本社区地域或人群集合体的心理状态……包括对社区的认同、投入、喜爱和依恋等。”①

社区归属感是一个人对自己所居住的社区的内心理解和情感反应，表现为一个人对社区物质和社会环境的主观评价和对社区环境产生的情感，这种情感包括对社区的认同、喜爱、依恋等。曹伟在讨论社区归属感概念时，引用了国外学者格尔森的观点，认为形成社区最重要的条件，不是反映在地理位置上或以共同居住在一个固定区域为标准，而是要看人们之间的互动以及在此基础上形成的具有一定强度和数量的心理关系，即社区的认同感和归属感。② 丘海雄认为，社区归属感是指社区内的居民对社区地域和人群集合体的认同、喜爱和依恋的心理感觉。③

从已有的社区归属感的定义来看，社区归属感应该包含以下几个维度。

①社区归属感是一种对地域的归属。社区是一个有明确边界的地域概念和行政概念，居民对社区的归属感应该包含对社区地域范围的认知，同时这个地域范围是居民生活的载体，承载着居民生活的点点滴滴。

②社区归属感是一种对群体的归属。社区是由一定数量的居住在一起的人组成的，因此对社区的归属也是一种对群体的归属，居民归属于社区之后能够获得社区居民对自己的帮助、支持和信任，是个体社会支持的组成部分之一。

---

① 中国大百科全书总编辑委员会组织．中国大百科全书[M].北京：中国大百科全书出版社，1993：36.

② 曹伟．重塑城市的人文和自然[M].北京：中国商业出版社，2012：245.

③ 丘海雄.社区归属感——香港与广州的个案比较研究[J].中山大学学报(哲学社会科学版)，1989(2)：59-63.

③社区归属感是一种对文化的归属。社区作为社会的基本单位，承载着这个社会的文化和价值系统，如观念或者精神。这一层面上的归属感在少数民族社区体现得最为充分，共同的文化和价值观念能够促进社区成员形成社区归属感，这也是现代社区治理的指导思路之一。

④社区归属感具有交叉性。居民对社区的归属感可能只来源于以上三个方面的某一个方面，也可能同时来源于几个方面，所以社区归属感应该是一个复杂的立体系统，而非简单的单一维度。

综合以上关于归属感和社区归属感定义的讨论，可以将社区归属感划分为三个层次：身份归属、社区认同和行为承诺。具体内容如表 1–1 所示。

表 1–1 社区归属感的理论层次划分

层 次	内 容	举 例
身份归属	地域归属	我在这个社区生活
	户籍归属	我的户籍在这个社区
社区认同	环境认同	这个社区的环境不错
	人际认同	这个社区的居民素质都很好
	生活认同	在这个社区生活还不错
行为承诺	爱护行为	我会爱护社区的环境
	建议行为	我就社区中不好的地方给社区管理者提建议
	贡献行为	我会优先考虑社区整体的利益

探讨城市居民的社区归属感具有两层意义。

第一，对于社区居民来说，对社区形成自己的归属感，意味着居民在社区中拥有良好的人际关系和社会支持，能够让居民有一个除了家庭和朋友之外的情感寄托的载体，有助于缓解和消除个体在城市生活中的孤独感和离群感，这对于居民的社区生活体验和生活质量的提升有积极意义。

第二，对于社区管理而言，居民的社区归属感对社区建设和社区自治来说是一种重要的社会资本，居民对社区有归属感，就会对社区的事务更加关心，更愿意参与到社区的建设中来，营造居民与社区积极互动的良好氛围，培养社区居民作为社区自治的主体意识，为转变社区治理的思路提供现实的群众支持。

2. 社区归属感的影响因素

（1）居民自身因素。

①房屋产权。房屋产权是指房屋的所有者对自己的房屋依法享有占有、使用、收益和处分的权利，是否拥有房屋产权在生活中最直白的表达就是居民所住的房子是自己买的还是租的。

首先，买房对社会成员来说是一件重要的事情，一个人会在某个社区买房子说明这个社区的各种条件能够让这个人满意，这也是社区归属感形成的物质基础。其次，一般而言，在某个社区买了房子之后就意味着在接下来的几十年里都要在以这个社区为中心的区域中度过，人们的个人规划和家庭结构也趋于明确和稳定，而在某个社区较长的居住时间和稳定的家庭结构是社区归属感形成的必要条件。最后，家庭是社区的基本生活单位，对于社区而言，家庭的稳定就意味着社区人口的稳定，人口的稳定是社区人际关系形成的基础。因此，从这个意义上来说，如果一个社区里的房子都是居民自己买的，那么这个社区的整体状态会比较稳定，居民更容易产生社区归属感。

②居住时间。居住时间就是居民到目前所住社区的时间。一般而言，居住时间越长，对社区产生归属感的可能性就越高，归属感的程度也就越高。居民对城市社区的归属感在内容上也暗含了对城市生活的融入程度，从这一角度上来说，居民在一个社区居住的时间越长，与这个社区发生联系的可能性和频率就越高，积累的关于社区生活的经验就越多，并且在社区和城市中逐步建立起人力资本，更有利于居民形成与城市生活相适应的生活方式。其实，居民的城市融入也是一个居民对城市生活和社区生活建立认同感和归属感的过程，居住的时间越长，居民之间交流和互动的时间就越多，在社区中结识的朋友也就越多，在这个过程中，居民之间加深理解、消除隔阂、建立联系，从而形成共同的社会心理，为构建社区认同与社区归属营造良好的人际环境。

③人际支持。人际支持就是能够为个体提供社会支持的人际网络，个体作为社区居民的人际支持是指居民能够从社区中以及以社区为基础建立的社会关系网络中获得物质以及精神上的帮助和支持。研究表明，个体的人际支持与个体心理健康、主观幸福感以及诸如学校归属感等呈显著正相关，影响居民社区

归属感的人际支持主要可以分为原生人际支持和社区人际支持。①

原生人际支持主要是指居民的家人、亲戚、朋友、同学等，一般而言，这种类型的人际关系不以社区为区分，同时具有比较稳定的特征，是个体最重要、最常使用的人际支持。如果一个居民和自己的家人生活在一起，那么相比那些没有和家人生活在一起的流动人口而言，这个居民更能感受到家的温暖，以及家人、家庭对自己的支持，同时对这种支持的利用度也比较高。严标宾在研究社会支持对大学生主观幸福感的影响时发现，大学生的家庭支持对其主观幸福感、生活满意度、积极情绪和消极情绪都有极其显著的影响，大学生的朋友的支持对其主观幸福感和消极情绪有显著影响。尽管关于大学生的研究结果不能完全适用于社区居民，但是来自家庭和朋友的支持对个体的重要性是毋庸置疑的。良好的原生人际支持对居民的社区归属感具有积极的促进作用。

社区人际支持是指居民在与其他居民和社区互动的过程中建立的以社区为平台的人际关系，这种人际支持没有原生人际支持那样深厚，居民一般会用“大爷”“大妈”“熟人”之类的比较笼统的称谓来称呼自己在社区中认识的人，而且和这些人的交流方式以打招呼、寒暄为主，不会以正式方式交流。社区人际支持以社区为区分，如果换了社区，那么原来的社区人际支持就随之被新的社区人际支持所替代，所以相比之下也不是很稳定，人们在遇到困难的时候也不会先想到通过这种人际支持来解决。

社区人际支持作为居民原生人际支持的有益补充，为社区居民日常生活提供了便利，比如，需要什么东西的时候可以向自己的左邻右舍借用，社区中有什么通知也可以相互传达。居民在社区中建立良好的人际网络，实质上加强了自己和社区的联系，增强了社区卷入，这对于社区归属感的形成是有利的。

（2）社区社会环境因素。

①居民素质。从宏观层面上讲，居民素质是城市形象和城市发展水平的体现，对城市经济、文化、政治建设有重要的影响。从微观层面上讲，居民素质是社区精神文明的映射，是社区生活空间好坏的一个重要衡量指标。②根据社区归属感的定义——居民对社区的满意度、认同感和归属感，那么一个能够让居民满意和认同的社区必然包含了一个良好的社区社会心理环境，同时良好的

① 耿超越．大学生自我建构，领悟社会支持与焦虑的关系[J]．心理学进展，2020，10(11)：9.

② 陈雅萍，庞世伟．市民素质与城市可持续发展[J]．科学管理研究，2005，23(1)：1-4.

居民素质又是这个社会心理环境的重要组成部分，所以说，良好的居民素质对居民的社区归属感有重要影响。

②居民互动。居民互动是指居民之间相互交流的过程，社区居民之间的互动直接影响着社区的人际联系和人际网络，间接地对社区人文氛围产生作用，而良好的人文氛围也能够让居民更容易产生社区归属感。从互动类型上看，居民互动主要有以下四类：第一，礼仪问候，如碰到不是很熟悉的居民时点点头、打个招呼等；第二,一般交流，如送孩子上学的时候简单聊聊孩子学习的事情；第三，工作交流，如果有同事和自己住在一个社区里面，那么平时也会交流一下工作，当然这种情况相对较少；第四，基于实际需要的互动，如自家的水管坏了可能要到别人家去看看，简单排查一下原因，或者是向自己的邻居借用东西等。

③生活体验。社区生活体验包括对社区的认同感和在社区中生活的感受。社区认同包括人际认同和生活认同，其中人际认同是指居民对自己所在社区中人际环境的评价和看法。社区生活体验不仅包括居民对社区的认同，还包括居民在社区的生活感受。良好的社区生活体验意味着居民认同自己的社区，以及居民在这个社区能够快乐和舒服的生活，而不好的生活体验则意味着居民对自己所在的社区存在许多不满意的地方。因此，这不仅说明社区生活体验对社区归属感有着重要的影响，还说明了我们可以通过哪些途径来让居民产生良好的生活体验，从而培养和提高居民的社区归属感。

二、业主

（一）业主的权利与义务

1. 业主的权利

业主在物业管理活动中，享有以下权利。

（1）按照物业服务合同的约定，接受物业服务企业提供的服务。

（2）提议召开业主大会会议，并就物业管理的有关事项提出建议。

（3）提出制定和修改管理规约、业主大会议事规则的建议。

（4）参加业主大会会议，行使投票权。

（5）选举业主委员会委员，并享有被选举权。

（6）监督业主委员会的工作。

（7）监督物业服务企业履行物业服务合同。

（8）对物业共用部位、共用设施设备和相关场地使用情况享有知情权和监督权。

（9）监督物业共用部位、共用设施设备专项维修资金（以下简称专项维修资金）的管理和使用。

（10）法律、法规规定的其他权利。

2. 业主的义务

业主在物业管理活动中，应履行以下义务。

（1）遵守管理规约、业主大会议事规则。

（2）遵守物业管理区域内物业共用部位和共用设施设备的使用、公共秩序和环境卫生的维护等方面的规章制度。

（3）执行业主大会的决定和业主大会授权业主委员会作出的决定。

（4）按照国家有关规定缴纳专项维修资金。

（5）按时缴纳物业服务费用。

（6）法律、法规规定的其他义务。

3. 业主共同决定的事项

根据《中华人民共和国民法典》（以下简称《民法典》）的规定，下列事项应当由业主共同决定：①制定和修改业主大会议事规则；②制定和修改建筑物及其附属设施的管理规约；③选举业主委员会或者更换业主委员会成员；④选聘和解聘物业服务企业或者其他管理人员；⑤筹集和使用建筑物及其附属设施的维修资金；⑥改建、重建建筑物及其附属设施；⑦有关共有和共同管理权利的其他重大事项。

（二）业主大会

1. 业主大会的内涵

我国法律对全体业主所形成的团体暂无法定称谓，学界多以业主团体或业主组织代之，或认为“业主大会”包括自治组织和意思机关两种含义。现行法在两个层面上使用“业主大会”一词，一是组织体，即由全体业主组成的团体，如《民法典》第二百七十七、第二百七十八、第二百八十一、第二百八十六条和《物业管理条例》第八、第九、第十条等；二是组织机构，即业主团体的意思机关，如《民法典》第二百七十八、第二百八十条和《物业管理条例》第十二、第十三、第十四条。用语不规范易引起语义分歧，取得主体地位的对象必须明确。解决办法有三种：一是参考立法例，以“业主团体”“区分所有权人团体”等作为组织体的统一称谓，保留组织机构含义上的“业主大会”；二是根据司法解释对两种含义的用法作出说明，即除规定业主大会召开及决定作出的条款外，其他规定都是在组织体层面上使用“业主大会”；三是保留组织体名称用法，将业主大会会议作为意思机关。与全体股东组成的股东大会不同，《业主大会和业主委员会指导规则》第二十二条规定，业主大会会议并不要求每个业主必须参与。但会议作为意思形成的一种方式不能成为意思机关，意思机关须由全体业主组成。“决议”一般由会议讨论通过，而“决定”的使用范围更广且不限于会议内容。以业主大会会议作为意思机关时，未召开会议但以其他方式作出的决定则会被排除于意思机关的决定之外。

业主管理组织的设计需兼顾两方面功能：创设一个全体业主一致对外的名义和能够与集参与性、有效性于一体的机制结合作为业主的决策渠道。由于长期在两层含义上使用“业主大会”，根据不同语境套用不同含义表达不同的观念。因此，基于维持法律稳定性的需要，办法二最为妥当。

2. 业主大会的含义

业主大会由全体业主组成，是决定物业重大管理事项的业主自治管理组织。一个物业管理区域只能成立一个业主大会，业主大会自首次业主大会会议召开之日起成立。业主大会是全体业主的集合，其具有对物业重大事项的管理权和决策权。业主大会应当代表和维护物业管理区域内全体业主在物业管理活动中的合法权益。业主大会是物业管理区域内物业管理事项的决策机构。

3. 业主大会的筹备和成立

业主筹备成立业主大会时，应当在物业所在地的区、县人民政府房地产主管部门或者街道办事处、乡镇人民政府的指导下，由业主代表、物业建设单位（包括公有住房出售单位）组成业主大会筹备组。筹备组成员名单确定后，应当以书面形式在物业管理区域内予以公告。

业主大会筹备组应当自成立之日起 90 日内组织召开首次业主大会会议。业主大会自首次业主大会会议表决通过管理规约、业主大会议事规则并选举产生业主委员会之日起成立。但只有一个业主的，或者业主人数较少且经全体业主一致同意决定不成立业主大会的，由业主共同履行业主大会、业主委员会职责。

4. 业主大会活动规则

（1）定期会议和临时会议。业主大会会议分为定期会议和临时会议。定期会议和临时会议都由业主委员会组织召开。定期会议的召开日期由业主大会在业主大会议事规则中确定。当出现下列情况时，业主委员会应当及时组织召开业主大会临时会议：①经专有部分占建筑物总面积 20% 以上且总人数 20% 以上业主提议；②发生重大事故或者紧急事件需要及时处理；③业主大会议事规则或者管理规约规定的其他情况。

发生以上应当召开业主大会临时会议的情况时，如果业主委员会不履行组织召开会议职责，区、县人民政府房地产主管部门应当责令业主委员会限期召开业主大会临时会议。业主委员会应当在召开业主大会会议 15 日前将会议通知及有关材料以书面形式在物业管理区域内公告。如果是住宅小区召开业主大会会议的，还应当同时告知与物业管理区域相关的居民委员会。

（2）业主代理人和业主代表人。业主因故不能参加业主大会会议的，可以书面形式委托代理人出席会议和参加表决。代理人应当在业主委托书的授权范围内行使代理权，如投票、发表意见、参加表决、有关咨询等。业主委托代理人的授权内容不得超越业主自身权限，如投票权数。业主只能委托代理人代理事项，不能委托代理人代理业主身份，代理人无权以候选人身份参加业主委员会成员的竞选。

（3）业主大会的召开形式。业主大会会议可以采用集体讨论的形式，也可以采用书面征求意见的形式，但应当有物业管理区域内专有部分占全部专有部分建筑物总面积过半数的业主且占总人数过半数的业主参加。

（4）业主和业主大会的决定事项。业主大会的表决原则根据表决事项的不同，可以分为两种情况。第一，业主大会作出的筹集和使用专项维修资金，改建、重建建筑物及其附属设施决定，应当经专有部分占建筑物总面积 2/3 以上的业主且占总人数 2/3 以上的业主同意。第二，业主大会作出的制定和修改业主大会议事规则、管理规约，选举业主委员会或者更换业主委员会成员，选聘或解聘物业服务企业，以及有关共有和共同管理权利的其他重大事项等决定，应当经专有部分占建筑物总面积过半数的业主且占总人数过半数的业主同意。

（5）业主大会决定的效力以及业主的司法、行政救济。业主大会或者业主委员会的决定对业主具有约束力。业主大会或者业主委员会作出的决定侵害业主合法权益的，受侵害的业主可以请求人民法院予以撤销。业主大会、业主委员会作出的决定违反法律、法规的，物业所在地的区、县人民政府房地产主管部门或者街道办事处、乡镇人民政府，应当责令限期改正或者撤销其决定，并通告全体业主。

业主委员会应当书面记录业主大会会议情况，并存档备案。业主委员会还应当将业主大会的决定以书面形式在物业管理区域内及时公告。

第四节　社区社会组织与社区社会工作者

一、社区社会组织

（一）社区社会组织的含义与分类

社区社会组织即社区自组织。从社区社会组织的社会关联出发，其是指以社区居民为成员、以社区地域为活动范围、以满足社区居民需求为目的，在政府扶持和社区居民委员会指导下，在法律、法规允许范围内，由居民自发组织，介于社区主体（社区党组织、社区居民委员会）和居民个体之间的组织。从社区社会组织的功能出发，社区社会组织可以界定为“独立于政府之外，处于政府和社区成员之间的，以联系和动员社区成员参与社区活动、支持社区发展为主要目标的社区层面的各类非营利组织”。[①] 从组织性质出发，王名在《非营利组织管理概论》一书中将社区社会组织界定为社区组织或个人在社区范围内单独或联合举办，在社区内开展活动，满足社区居民不同需要的非营利组织，包括正式登记的具有合法身份的社区社会组织和还没有登记的不具有合法

① 黄建．社区治理［M］．成都：电子科技大学出版社，2019：99.

身份的社区准非营利组织。[①]综合以上各种说法，可以看出，社区社会组织是社区治理的主体之一，而且是在社区地域范围内，为社区居民提供公共服务的非营利组织。

根据社区社会组织涉及的领域，可以将其分成以下几类：①文化、教育、体育活动类，如社区、学校、文艺表演队、健身队等；②社区福利类，如社区托老所、社区敬老院等；③维护权益类，如社区法律援助中心、社区环境保护协会、调解委员会、信访代理室等；④社区服务类，如社区食堂、助老服务社等；⑤社区管理类，如业主委员会、业主委员会工作室等；⑥志愿类，如社区志愿者组织、义工组织等。根据组织的法律地位来划分，社区社会组织可以分为正式登记注册的、在街道或居民委员会备案的、未登记也未备案的三类。根据组织目标与受益者之间的关系，可将社区社会组织分为经营类组织、慈善类组织和互助类组织。

（二）社区社会组织的特征

社区社会组织能够通过各种活动和服务参与社区治理，弥补政府和市场公共服务的不足，是社区治理的重要社会力量。社区社会组织既有一般社会组织的共性，又有自己的个性。

1. 一般非营利组织的特征

民间性。它不是政府行政系统的组成部分，除遵守国家法律、政府的行政法规外，组织内部的人员安排、业务活动等方面不受制于政府。

自主性。组织成员自己管理自己，组织的领导人由组织成员选举或推选产生，不由其他组织指派，活动内容和活动方式由组织成员决定。

志愿性。一个居民是否要成为某社区社会组织的成员，完全出于自愿。成员是否参加组织的活动，也是根据自愿的原则。

群众性。它不受党派、政治面貌的限制。

非营利性。它开展的各种活动不以营利为目的，在有经济条件的地方，组织可从社区居民委员会获得一些活动经费，在经济条件较差的地方，则需要通过收费获得，但这些费用只用于本组织开展的活动，而不是用来营利。

① 王名．从讲授到对话——第三版《非营利组织管理概论》的诞生[J].中国非营利评论，2015，16（2）：228-231.

2. 社区社会组织的特征

社区性。社区社会组织产生于社区，其组织成员来源于社区居民，其组织活动范围一般只限于本社区。

松散性。组织成员具有较大的自由度，加入组织需要具备的条件和参加组织活动，不像一般的非营利组织那样严格。即有兴趣、有时间则参加，否则不参加，完全由自己决定。

非正规性。加入社区社会组织不用通过介绍人，不用经过组织审批，其加入资格就是本社区居民，加入条件就是本人兴趣。

非法人性。大多数社区社会组织规模较小，并没有达到去民政部门登记注册的条件，因此它们多是经街道办事处、社区居民委员会同意成立并备案的，属不登记范围，其本身不具法人地位。

本土性。社区社会组织根植于本社区，土生土长，这一点与许多外来的非营利组织进入社区开展工作和活动不同。

（三）社区社会组织的地位

社区社会组织在加强社区管理、推进社区自治、拓展社区服务、培育社区意识、化解社会矛盾、整合社会资源、凝聚社区力量、活跃社区文化、推进公益事业、加强精神文明建设中日益显现出其独特的优势，是构建和谐社区不可或缺的力量。

（四）社会组织融入社区治理的理论与实践

1. 社会组织融入社区治理的理论意蕴

不同于街居制下政府作为单一主体的城市基层管理体制，社区制主张多元主体的合作治理，实现自上而下政府行政管理与自下而上社会自治管理的有机结合，以形成上下贯通的多层级复合共治结构。因此，中国社区建设不仅要通过基层政权建设有效贯彻国家政策，实现国家对社会的管理与控制，还是促进基层社会组织发展和构建地域共同体的过程。社会组织作为基层社会管理的组织化形式，已成为社区建设中最具社会性、自治性和包容性的组织载体。① 其

① 刘璐瑶．中国社区社会组织研究述评——基于 CSSCI 的文献索引功能 [J]. 四川职业技术学院学报，2018，28（4）：46-51.

成长与发展壮大成为突破与化解我国社区治理两大困境的增量元素，并对促进我国“社区制”治理范式的建立具有重要的理论寓意。

社会组织作为公共性重要的承载者，能把分散的居民密切地联系在一起。随着社会组织特别是公益性、倡导性社区社会组织数量的不断增加，社区内部自生的社会力量将在社区占据主导地位，从而形成社区基于内生力量的自治管理的协调规范与社会秩序，实现社区公共生活的有序化，使社区回归“共同体”的本质属性，在社区高度组织化的基础上实现基层社会的有机整合，建立起国家、市场与社会间的良性互动与基层社会秩序。

可见，从理论意义层面来说，社会组织的发展当成为中国社区建设的题中应有之义，一定数量与规模的社区社会组织的发展是破解中国社区治理基本困境、实现中国城市基层合作治理的基础性社会条件。因此，当前中国社区建设的重心是促进基层社会有机体的发育，通过社会组织的培育实现社区层面的自组织化，这对于实现社区多元合作共治的格局，促进我国从街居制向社区制的基层治理结构转型具有重要的理论蕴意。

2. 推进社会组织融入社区治理的实现路径

（1）以制度创新为驱动力推动社会组织融入社区治理。就我国目前的现实状况来讲，要构建社区合作治理模式，使社会组织融入社区治理中，就应实施创新驱动发展战略。先是推进社会组织强制性制度变迁，大力培育、扶持社区社会组织，再通过社区社会组织的诱致性力量推动社区治理制度的创新。因为从我国的历史传统与现实国情来看，社会组织的发展必须得到政府的支持，政府应通过行政或法律手段促进社会组织的发展；而社会组织作为社区治理的新元素，一定程度上可以在社区治理中发挥“鲶鱼效应”，能够刺激与搅动社区积习已久的体制内力量，撬动社会创新发展的力量，增强社区治理变迁的内生动力，促进社区治理的增量改革与结构转型。

（2）以项目化运作为载体推进社会组织融入社区治理。社会组织融入社区治理要依托项目来实现，项目化运作是目前建立两者关系最合宜的载体。在社区治理中实施项目化运作，就是政府通过招投标或公益创投方式购买社会组织服务项目，中标的社会组织面向社区开展项目的过程。目前，我国一些发达地区的城市基层政府已经开始通过公益创投实现社区项目购买的探索，并取得了良好的社会效应。从基层治理层面来讲，在中国社会改革与全球社会变迁双重力量挤压的背景下，社会的复杂性与不确定性带来的社会风险因素增大，基层政府承担的社会管理服务与公共服务供给激增，并且由于社会结构的分化，居民需求呈现出复杂性和多样性特征，如果完全依靠基层政府承担这些职能将使其不堪重负，而且基层政府提供的规模化、标准化的服务远远不能满足社区居民多元化、个性化的需求，从而加大政府的道德风险。而通过政府购买社会组织服务，把一些公共事务通过项目制方式委托社会组织来承担，既提高了资源的利用效率，又通过科学精准的方式实现了公共目标；既使基层政府从自身不擅长的社会事务中解脱出来，又激发了社会活力，提高了社区居民的满意度与基层政府的社会合法性。

3. 以社区社会资本的培育为基础性支撑

促进社会组织融入社区治理，如果说统治秩序的有效运行依靠的是强有力的政府行政命令与控制，治理则是依靠市民社会中的社会资本，即多元主体之间的相互信任与积极合作态度，它们构成了治理过程中政府、企业、非营利组织等主体之间资源共享、有效沟通及合作伙伴关系的内在道德基础。在帕特南看来，社会资本主要包括信任、互惠规范与网络，它具有以下几个方面的正面意义：①社会资本能够让公民更加轻松地解决集体问题；②社会资本是社区前进车轮的润滑剂；③社会资本拓宽了我们的认知，培育了我们的健康人格；④社会资本通过心理和生理的过程来提高人们的生活。简言之，社会资本的存在降低了社会的人际交往成本，提升了人们集体行动的能力，如同货币作为一般等价物的出现较物物交换更有效率。社区建设是一种集体行动，在一个继承了大量社会资本的共同体内，自愿的合作更容易出现。[①]并且社会资本也有助于解决自主治理的制度供给、可信承诺与相互监督这三个基本问题。因此，社区社会资本的存在能够更好地克服社区建设中的集体行动困境。同时，在社区治理中，社区社会资本培育了社区居民的公共精神，促进了居民公共参与及社区自组织能力的提升，强化了社区中横向的社会关系网络与协商协调机制，有助于在社区中形成上下贯通的多层级复合共治结构。

① 冯仕政，朱展仪．集体行动、资源动员与社区建设——对社区建设研究中“解放视角”的反思 [J]. 新视野，2017（5）：47-54.

二、社区社会工作者

（一）概念界定

“社会工作者”这一概念，最早由教育工作者西蒙·帕顿于1900年提出并使用。张康之等人在研究社会工作者这一概念时指出，社会工作者包括友善访问员和社区睦邻工作员，主要从事社会救济物品的分发工作。[①] 这种看法与当前所指的专业社会工作者有所不同。随着社会政治、经济的发展，社会问题日益复杂化和多样化，简单的、无组织的个人社会救助工作难以满足社会复杂化的需求，于是社会工作逐步走向专业化，并随之出现专业的社会工作者。在现代西方社会，随着社会保障和福利性服务事业的发展，社会工作已经成为专门化职业领域。社区组织除了志愿者从事社区内的社会工作外，还会聘用一些专职的社区工作者。

美国社区工作专家罗斯曼等人认为，社区工作者是社区工作的倡导者和协调者，他们要发动社区居民关注社区存在的问题、积极参与社区建设，鼓励居民团结起来，争取自身的权益，增强社区居民的归属感并促使居民相互合作。[②] 美国社会学家伯顿则将社会工作者在社区建设中的作用与角色以“两分法”的理论进行说明，在其“直接干预法”中，他认为社区机构（或社会服务机构）和它雇用的工作人员直接去界定社区问题、满足社区需要，直接教导社区居民设法解决这些问题，协助他们实现各自不同的期望；其“非直接干预法”则认为在社区行动的过程中，解决问题的期望、工作的目标以及采取的对策等由居民自己提出，社区工作者只是起协助和辅助的作用。[③] 英国社会工作学者贝珂认为，在整合的社会工作中，社会工作者的角色和任务主要可以分为三类，即直接服务者、间接服务者及合并服务者。而在实际工作中，这三大类还可细分为支持者、指导者、行政者、倡导者、研究者、咨询者、治疗者、照顾者、促进者、中间经纪人、调解者、管理与协调者、教育者等具体角色。

① 张康之，石国亮．国外社区治理自治与合作[M]．北京：中国言实出版社，2012：150.

② 罗斯曼，特罗普曼，刘继同．社区组织的模式和宏观实务的观点：他们的融合与阶段（下）[J]．社会福利（理论版），2015（2）：44-49.

③ BATTEN T. R. BATTEN M. The non-directive approach ingroup and community work[M]. London：Oxford University Press，1967：5.

（二）社区社会工作者核心能力体系的构建

1. 价值方面

价值是社会工作的灵魂，也是社会工作力量的源泉。国内学者刘斌志在研究社区社会工作者的核心能力及培育策略这一内容时，引用了胡文龙、林香生关于社区社会工作者应遵循的价值观点，即社区社会工作者所应该遵循的价值包括重视人的尊严和价值、坚持正义的努力方向、通过制度性改变的助人机制、民主的方式、居民的参与、社区互助与关怀、社会责任等七个方面。[①] 可见，社区社会工作者应该在对人尊重以及关怀的基础上，通过社会互助机制，促进社区居民的民主参与以及互助合作，最终达到改善居民生存环境以及促进社会正义的目的。基于此理念，社区社会工作在价值方面应该表现为以下两个核心能力。

（1）积极想象的能力。社会工作之所以能够不断发展，基于其积极想象能力，即相信通过社会工作能够让社会变得更加公平正义、和谐美好，也相信社会工作能够让服务对象以及社会工作者变得更加强大。在社区工作中则相信社会工作能够使社区具有可持续发展的动力。富有积极想象能力的社区社会工作者，可以不断超越现有社区状况、社会制度、人际关系以及理论模式，通过新的理论视角、理念模式、方法技术以及发展路径来解决问题，达成最初设定的目标。“办法总比问题多”，或许更能够反映社会工作所具有的积极想象的能力。

（2）反思成长的能力。从历史长河来看，世界的本质不是永恒不变的，而是不断变化的，最终体现出多样性。因此，社会工作对待世界、对待人类、对待社会坚持的是一种多样性、动态性的看法。这具体表现为对不同的人的尊严和价值的兴趣、认识、了解以及尊重。这种对于不同于自己的事务的兴趣，正蕴含了对自我的一种否定和反思，并由此带来现状的改变，最终达致个人的成长。一方面，社区社会工作者要不断反思社工自身价值、社区主流价值、社会主流价值的不足之处，认识到社区弱势群体、亚文化群体所蕴含的力量和抗逆力，并激发弱势社区、弱势群体的潜能。唯有如此，才能够真正促进社区的

① 刘斌志．论社区社会工作者的核心能力及培育策略 [J]. 重庆师范大学学报（哲学社会科学版），2016（3）：81-88.

参与和共融。另一方面，社区社会工作者还要不断反思现有专业理论、工作模式、方法技巧的不足，并不断提升专业技能。

2. 知识方面

知识是社会工作专业性的集中体现，也是沟通价值与技巧的桥梁和基础。因此，社区社会工作者往往被当作解决社区问题的专家，凭借专业知识去分析、评估社区的状况，并设计出一套适合的工作方案，最终达成改变。为此，郑如雅等人将社区工作的专业知识归纳为以下三类：一是分析及认识社区的知识，二是组织社区居民与社区组织间协同运作的知识与技巧，三是策划组织社区活动的知识与技巧。① 鉴于此，社区社会工作者知识方面应该包括以下三方面的核心能力。

（1）社区评估的能力。在社会工作实务的六个过程中，评估包括预估和评估两个环节。预估是开展具体介入计划的基础与前提，有助于了解社区整体以及社区内某一群体所存在的问题，通过预估做到知己知彼；评估则是对具体介入以及服务最终成效的检验，不仅包括对服务过程的评估，还包括对服务成效的评估，以评估为基础顺利结案。因此，社区评估的能力，是社区社会工作者专业性的集中表现。具体表现为三个方面：一是对于社区共同性问题以及社区群体性问题的严重程度、介入可行性作出正确的判断；二是对社区将要执行的方案进行评估诊断，对社区或者居民要推行的方案作出准确的事前认知、及时判断并提供具体建议，实现决策的最优化；三是透过对社区居民意见和反馈的收集、分析，确定服务的过程和成效是否达成目标，并作出相应的检讨和修订。简而言之，社区评估的能力就是要求社区社会工作者在服务开展前要做好基线评估，服务开展后要作出结果评估，并进行对比性分析，实现以服务的证据为本。

（2）团队协作的能力。社会工作的核心理念是助人自助，表现在社区工作中则是社区居民的自治互助。可见，社区社会工作者最主要的任务不是开展具体的服务，而是善于调动社区居民自己帮助自己、彼此相互帮助的积极性。因此，社区社会工作者需要具备团队协作的能力，即社会工作者要能够善于激

① 郑如雅， 李易骏．社区工作者核心能力之探讨：专业社会工作者之经验与观点 [J]. 台湾社区工作与社区研究学刊， 2011（1）：1-42.

励、动员、促成社区居民因为某个契机成为一个自治、互助的团队，并达到团队成长、壮大和协调运作的目的，最终形成强大的社区推动力。具体来说，表现为以下几个方面。一是要寻找社区居民生活经验中的契机，并将之与社区发展的议题进行连接，以引起居民的注意和好奇心理，让这一生活经验成为社区团队形成的契机。二是从简易可行、恰当的方案入手，引导社区居民从成功的经验中建立对社区活动开展的自信心，激发持续参与的兴趣与勇气。三是谨慎安排培训课程，安排符合社区居民期待的课程，避免过度、重复和枯燥乏味的培训分散社区居民的注意力和兴趣。四是带领社区居民参观其他先进社区，通过观摩、互动以及交流等方式提升学习心得。五是协助社区团队成员通过提问、回应、反馈、协调冲突、转换主题等方式深入讨论与沟通。六是社会工作者通过积极的鼓励与支持，持续性地给予社区团队陪伴与支持，实现社区团队的自助互助。

（3）项目管理的能力。项目化运作成为现代社区工作的一个重要发展趋势。项目的相对独立、集中管理以及高效运作便于社会工作专业能力的展现，也有利于服务标准和服务品牌理念的提炼，更符合现代政府购买服务以及民间公益基金资助的方向。因此，社区社会工作者需要具备较强的项目策划、运行与管理的能力，具体来说表现为以下几个方面。一是项目策划的能力。对于社区活动的开展与社区发展的规划，社区居民往往很难达成共识，社会工作者需要发挥想象力，提供一些具有创意性的设计方案，并引导社区居民将自己的创意变成可行的策划。二是项目计划书的撰写。撰写计划书是社区活动申请经费的重要方式之一，也是社区活动开展的蓝本和依据。社会工作者需要熟悉项目计划书的撰写风格、方法与技巧，并协助社区居民加以掌握。三是项目管理的能力。社会工作者应该掌握相关运作的流程，包括协调、调度与指挥工作。四是项目档案资料的管理，包括协助居民撰写项目进展简报并整理与归档。五是项目经费以及进度的管理。社会工作者不仅要懂得一定的会计核算和财务管理能力，还要懂得运用一定的进度管理工具，并帮助居民掌握这些工具。

3. 技巧方面

技巧是社区社会工作最终体现出的行为，也是核心能力的直接体现。相关专家学者、实务工作者对于社区社会工作的技巧有较多的论述。甘炳光认为，社区工作实务技巧包括分析社区的技巧、关系建立与维系技巧、组织的技巧、议会政治的技巧、行政技巧等五大部分，共二十八项具体技巧。① 林兰基于服务行动的实际经验归纳出社区社会工作者的三大专业技巧：一是行动历程技巧，包括社区评估、资源拜访、计划设计、评估等；二是专业工作技巧，包括社区评估、资源互动记录、建立关系、倡导、活动设计与参与、充权技巧等；三是资源链接技巧，包括动员内部资源、链接社区现存资源等。② 具体来说，社区社会工作核心能力在技巧方面的表现如下。

（1）建立关系的能力。建立关系是社会工作实务过程的第一步，也是服务成效的基础与关键因素。是否与社区居民建立良好的专业关系，将很大程度影响社区居民的参与、团队建设、服务开展以及持续发展。建立关系的能力具体来说可以表现为三个方面。一是对社区的认识与了解。鉴于社区资源、组织以及权力分布的不均衡性，建立关系具有较强的针对性、方向性与选择性。因此，建立社区关系的基础是了解社区权力关系的状况，包括社区内各类组织的运作情况、组织间的关系情况、权力结构与分布等。二是明确与社区组织及关键人物的交往准则，要尽早与各组织交往并为未来可能的合作奠定基础，要树立利益共享形象并协助各方了解各自可获得的利益，要强化合作关系，必要时可签订合作协议，要注意主动维系组织间的交往关系。在此基础上，针对具有交换关系、依赖关系、授权关系的组织间交往要采取不同的对策。三是建立关系的具体技巧和方法，包括事先准备、自我介绍、展开话题、维持对话、结束对话、提供信息、参与活动、使用当地方言等能力。

（2）社区组织的能力。传统的社区工作不注重对社区骨干队伍的建设以及社区工作项目的运作，所以经验也难以传承和积累，活动也难以持续。而现代社区社会工作能够将社区零散的人财物、关系、组织以及资源整合起来，形成规范化的组织，并持续性地开展工作。因此，社区组织能力作为社区社会工作者的核心能力，又可以表现为以下两个方面。一是对人的组织能力。社区工作最重要的不是社会工作者如何运用专业能力改善社区，而是如何推动社区居民的参与、建立居民组织，培育居民骨干和挖掘人力资源。因此，对于社区骨干的培养技巧十分重要，具体包括鼓励参与、建立民主领导风格、培训工作技巧以及增强管理能力等。二是对机构的组织能力。社区活动搞得再好，如果不能

① 甘炳光．社区工作技巧[M]．香港：香港中文大学出版社，1997：125.

② 林兰．社区矫正工作新模式的探索与思考[J].中国司法，2014（11）：70-72.

形成自己的品牌并形成相应的组织机构，活动中的人和经验都会逐渐流失。因此，社区组织的能力很重要的一个方面就是如何将社区活动变成社区品牌，并成立相应的社区组织来延续和传承这些经验，维系这些成员。社区社会工作者要掌握社会组织成立的条件、程序以及相关管理程序，并协助社区居民发展壮大这些社会组织。

（3）资源链接的能力。社会工作专业最大的特色不在于“工作”二字，而在于“社会”二字。所谓“社会”，包含社会问题、社会需求、社会资源、社会工作以及社会力量等。综合而言，社会工作专业在一定程度上就是强调用社会的资源去解决社会的问题。在社区工作中，社会工作者所能发挥的最大作用不是服务，而是资源的链接，即能够认识社区相关政策的资源，并将资源与居民的需求适当链接。社区社会工作者的资源链接能力具体表现为以下五个方面。一是认识社区内外相关资源的能力，这不仅包括认识和了解社区内部的人力、物力、财力、文化和组织等资源，还包括认识和了解与社区相关的政府政策和项目资源，并将这些资源信息转发给社区及居民，协助社区及居民能够利用这些资源。二是资源整合的能力，强调的是社区内各类组织在社会分工的同时，通过整合既有资源和争取更多资源，形成功能上的互补与依赖，具体包括社区组织之间的协调、合作过程。三是资源共享的能力，是指相邻社区资源的种类不同，相邻两个社区可通过共同合作的方式实现利益共享。四是资源流通的能力，是指根据资源的不同特征配置资源，采取组织、培训、咨询、合作等不同方法对社区内资源弹性使用，以保障资源能够被有效地协调和使用，发挥资源的最大作用。五是跨领域搜索和发展新资源的能力，主动寻找新的社会资源带给社区及居民，实现社区的发展。

第五节　业主委员会

一、业主委员会的含义及特点

（一）业主委员会的含义

学界对业主委员会的定义比较多。学界普遍认为，作为业主大会的执行机构，业主委员会是由物业管理区域内业主代表组成，根据业主公约或法律规定，在房地产行政主管部门指导下经业主大会选举产生并经房地产行政主管部门登记备案，在物业管理活动中代表和维护全体业主合法权益的民间性组织。

（二）业主委员会的特点

一般来说，业主委员会具有如下特点。

首先，业主委员会由业主大会选举产生。作为业主大会的常设机构和执行机构，业主委员会应向业主大会负责。因此，业主委员会也应由业主大会选举产生，反映绝大多数业主的意愿。

其次，业主委员会的活动范围应是进行物业管理自治。业主是通过业主大会来实现自身自治权益的，业主大会往往是通过召开业主大会会议来对决策事项进行协商讨论，但业主大会也需要业主委员会这样一个常设机构来行使职能，使得各业主的意见能够得到统一，并贯彻于具体物业管理事项中。业主委员会不能进行和从事与物业管理活动无关的任何活动。

最后，业主委员会应当经由政府房地产行政主管部门登记备案。业主委员会虽经业主大会选举成立，但在成立后的一定时间内须到当地政府房地产行政主管部门备案，以接受行政主管部门的监督和管理。

二、业主委员会的委员资格

《物业管理条例》第十六条规定，业主委员会委员应当由热心公益事业、责任心强、具有一定组织能力的业主担任。该条对于业主委员会委员的要求规定得非常概括、抽象，无法确保业主委员会委员能够切实履行职责。

《业主大会和业主委员会指导规则》第三十一条规定，业主委员会委员除了应是物业管理区域内的业主外，还必须符合下列条件：具有完全民事行为能力；遵守国家有关法律、法规；遵守业主大会议事规则、管理规约，积极履行业主义务；热心公益事业，责任心强，公正廉洁；具有一定的组织能力；具备必要的工作时间。

业主委员会委员的资格条件的设置多是为了保障被选举出来的委员能勤勉工作，也能组织开展工作。这也是各国物业管理法的惯例。

第六节　物业服务企业

一、物业服务企业的义务

《物业管理条例》第三十六条规定，物业服务企业应当按照物业服务合同的约定，提供相应的服务。但是，物业服务合同约定物业服务企业的义务是多方面的，其中一些服务义务仅靠物业服务企业单方面的行为就可以完成，还有一些服务义务较为复杂，需要业主以及主管部门共同发挥作用，其中包括物业服务企业维护物业管理区域秩序和协助安全防范的义务。

（一）物业管理区域公共秩序的维护义务

1. 业主违反物业管理区域公共秩序的主要表现

物业管理区域的公共秩序，需要全体业主共同遵守才能得到良好的维护。在物业管理区域内，存在个别业主缺乏法制观念，道德意识淡薄，为个人利益违反物业管理秩序，损害其他业主合法权益的现象。常见的业主违反物业管理区域公共秩序的行为主要包括以下几个方面：①侵占共有部位或者公共场地，私搭乱建，影响居住环境；②违规装修，拆改房屋主体结构和共有设备设施，造成共同财产损害和安全隐患；③违规安装附属设施设备，侵犯相关业主正当权益；④违反规定饲养宠物，影响相邻业主生活和小区的整体环境；⑤开展经营活动导致环境污染、噪声超标，影响相邻业主生活与经营活动；⑥违规使用房屋、阳台导致静荷载超标，影响相邻业主造成安全隐患；⑦利用房屋大量存放易燃、易爆、有毒等危险物品，给相邻业主造成安全隐患；⑧占用房屋共用露台、门厅或公共通道，影响他人使用和通行；⑨阻挠、妨碍或者拒绝配合物业服务企业实施正常的房屋维修养护活动，侵害相关业主正当权益；⑩其他违反管理规约及物业管理区域规章制度，扰乱公共秩序的行为。

2. 维护物业管理区域公共秩序的主要方式

为维护物业管理活动的正常秩序，《物业管理条例》规定，对物业管理区域内违反有关治安环保、物业装饰装修和使用等方面法律法规规定的行为，物业服务企业应当履行如下义务。

（1）告知义务。业主对在物业管理区域内应当遵守哪些制度、如何进行各项活动享有知情权。物业服务企业应当利用业主入住通知、公告栏、发放宣传资料以及社区网络等形式，向业主广泛宣传告知临时管理规约、管理规约和房屋设备设施使用说明书的主要内容，以及关于房屋装修、环境卫生、绿化等公共秩序的规章制度。业主需要装饰装修房屋的，物业服务企业应当将房屋装饰装修中的禁止行为和注意事项告知业主。

（2）制止义务。对已经发生的业主违规行为，物业服务企业必须履行管理职责，通过劝告、批评教育等方式制止业主的违规行为。值得注意的是，《物业管理条例》只是为物业服务企业设定了制止义务，并没有赋予物业服务企业行政执法权。因为物业服务企业接受的是全体业主的委托，维护全体业主的利益，在物业管理区域内发生违法违规行为，侵害的是全体业主的利益。所以，作为管理人，物业服务企业有义务予以制止。对于物业服务企业来说，这里的“制止”，更多的是一种义务而不是权利。当然，物业服务企业行使制止义务不应当超过必要的限度。

（3）报告义务。对于一些轻微的违法违规行为，在业主和使用人的配合下，物业服务企业可能有能力制止，对于严重违法违规行为，物业服务企业可能因缺乏必要的依据和职权而无法制止。在这种情况下，物业服务企业应当及时向有关主管部门报告。例如，对侵占公共场地，私搭乱建，损害居住环境的行为，应当向规划管理部门报告；对违规装修房屋，擅自拆改房屋结构和设备设施的，应当向房屋管理部门报告；对大量存放易燃、易爆、有毒物品的，应当向公安管理部门报告；对私自拆改煤气、燃气的，应当向市政管理部门报告并通知燃气管理单位；等等。

为了及时处理违法违规行为，防止有关行政主管部门的不作为，《物业管理条例》强调，有关主管部门接到物业服务企业的报告后，应当依法对违法行为予以制止或者处理。如果接到物业服务企业报告之后，相关主管部门没有采取相应措施，属于行政不作为，应当承当相应的法律责任。例如，物业服务企业发现某业主在装修房屋过程中有擅自改变房屋主体结构的行为，劝阻无效后，应当向当地主管房屋装修的政府部门报告。如果主管部门不依法履行监督管理职责，应当按照《物业管理条例》以及其他法律法规承担行政责任甚至刑事责任。

（二）物业管理区域安全防范的协助义务

《物业管理条例》第四十七条第一款规定："物业服务企业应当协助做好物业管理区域内的安全防范工作。发生安全事故时……应当及时向有关行政管理部门报告，协助做好救助工作。"从以上规定中可以看出，物业服务企业在安全防范工作中的作用，是协助相关主管部门做好安全防范工作，而不是对物业管理区域内的安全防范工作全面负责。与此同时，在发生安全事故时，《物业管理条例》要求物业服务企业履行以下三项义务。

第一，采取应急措施防止损失扩大。例如，发生火灾时，物业服务企业应当及时拉断电源，快速启动消防设施并全力灭火；发生刑事案件时，物业服务企业应当及时保护现场，积极配合公安机关抓捕嫌犯。

第二，及时向有关行政管理部门报告事故。例如，发生火灾向消防部门报告，燃气爆炸向市政部门报告，刑事案件向公安部门报告，工程事故向建设部门报告，电梯事故向质检部门报告，等等。

第三，协助做好救助工作。协助抢救受害人员和财产，做好事故善后工作。

二、物业服务企业的责任

《物业管理条例》第三十六条第二款规定，物业服务企业未能履行物业服务合同的约定，导致业主人身、财产安全受到损害的，应当依法承担相应的法律责任。

物业管理改善了居住环境，提高了物业管理区域内业主的生活质量，有利于物业的保值增值。但是，在实践中，在实施了物业管理的区域内，业主的人身和财产受到损害的情况也时有出现。例如，在实行封闭式管理的住宅小区，某业主存放在车库中的车辆被盗；小偷进入业主家中盗物甚至伤人、杀人等。应当说，就某一特定事项而言，出现某一结果的原因往往是多方面的。在界定各方责任时，不能简单地认为，既然实施了物业管理，物业服务企业就应当保障业主的财产和人身安全，对业主在物业区域内受到的人身和财产的损害，物业服务企业就应当承担民事赔偿责任。物业服务企业就业主受到的人身和财产损害承担责任有一个前提条件，就是物业服务企业未能履行物业服务合同的约定，即物业服务企业存在违约行为。“未能履行”包括根本不履行和不完全履行两种情形。例如，某物业服务合同中约定，在管理小区安全防范方面，物业服务企业派 4 名保安人员 24 小时巡逻。如果物业服务企业不派保安人员巡逻，构成不履行合同约定；如果物业服务企业派 2 名保安人员 24 小时巡逻或者派保安人员 18 小时巡逻，构成不完全履行合同约定。

根据《中华人民共和国民法典》的规定，物业服务企业根本不履行合同义务和不完全履行合同义务的，均需承担违约责任。

物业服务企业在物业管理活动中的权利、义务和责任，除了按照《物业管理条例》和其他法律法规的规定外，还依据物业服务合同的约定。如果物业服务企业完全遵守了法律法规的规定和物业服务合同的约定，即使业主人身、财产在物业管理区域内受到损害，物业服务企业也不应承担法律责任。

值得注意的是，物业服务企业未能履行物业服务合同中的约定，导致业主人身、财产受到损害的，依法承担的是相应的法律责任。所谓“依法”，主要是指依照《中华人民共和国民法典》《中华人民共和国刑法》《物业管理条例》等法律、法规的规定。这些法律法规对承担民事（违约或者侵权）责任、刑事责任、行政责任的条件、方式等有明确规定。所谓“相应”，有两层含义。一是根据不同的情况，承担不同类型的责任。例如，构成违约或者侵权的，承担违约或者侵权责任；违反行政管理秩序的，承担行政责任；构成犯罪的，承担刑事责任。二是根据物业服务合同的不同约定，承担不同的责任。违约责任是物业服务合同的主要内容之一，物业服务企业不履行物业服务合同义务的，应当按照合同约定承担赔偿责任。

第七节 驻区单位

一、驻区单位和社区的关系

驻区单位就是在社区所管辖的地界内从事营利和非营利的企业、事业、行政机关等组织的总称。从区域上来看，驻区单位作为社区管辖范围内的单位组织，与社区存在一种天然的联系，社区的发展与驻区单位的参与密不可分。

社区是驻区单位生存和发展的基础。对于驻区单位而言，首先，社区不仅是他们的生活之地，还是他们的工作、生产之地，社区对于驻区单位具有基础性的意义。其次，社区不仅给驻区单位提供公共产品，还提供各种社区服务，比如计划生育、劳动与社会保障、社会救助等。再次，随着单位职能的进一步分离，单位将把原来的社会职能陆续转移到社区，比如，单位失业人员登记、救助申请等工作都由社区完成，这使社区的地位和重要性逐渐凸显出来。最后，社区为驻区单位提供了一个外部环境，这个外部环境直接影响着驻区单位在公众中的形象，也影响着单位的生存。和谐社区建设旨在发动社区内各种组织、群体和个人，调动社区各类资源和力量共同参与社区建设，促进社区建设和谐健康发展，也为驻区单位的发展创造一个良好的外部条件。一个治安良好、环境优良、文明祥和的社区是一个单位发展的基础，也是驻区单位发展的一个重要保证。

驻区单位是社区的重要力量。社区建设的主体主要有居民、驻区单位和社区自治组织。相对于社区居民与自治组织来说，驻区单位所拥有的资源，包括场地、设施、资金、人才等资源优势是其他主体无法比拟的，同时驻区单位的组织性也是其自身所特有的。社区所拥有的资源非常有限，需要驻区单位等其他社会组织的大力支持，各地政府也多次强调驻区单位与社区要开展共驻共建活动，推动驻区单位参与社区建设。对于驻区单位来说，要认识共驻共建、责任共担是驻区单位的义务，完善的社区建设将会为辖区单位的改革与发展提供良好的外部环境。驻区单位的服务设施向社区居民开放不仅提升了驻区单位的影响力，还增强了社区成员对驻区单位的社会认同感，有助于驻区单位获得更高的经济效益和社会效益。

治理理论认为，自组织网络系统中的每一个利益相关者都是系统治理不可缺少的力量。驻区单位作为社区的法人离不开社区，社区关系直接影响着驻区单位的生存环境。在一个治理良好的社区，驻区单位也感到很光荣，居民受益匪浅。驻区单位拥有较多的资源，理应为社区发展献计献策，出钱出力。

二、驻区单位在城市社区文化建设中的作用

第一，引导功能。企事业单位所营造的文化氛围，蕴含着丰富的科学思想、科学方法和科学精神，是社会文化传播的主导力量和“文化示范者”，具有更强的感染力和深广度。这些对于其所在社区而言，是一种客观的、实际的榜样力量，是一种强大的“文化定式”和“文化航标”。企事业单位在文化发展和活动过程中能够通过多种途径把社区文化发展引导到企事业单位文化所蕴含的主流目标上来，这在一定程度上对社区文化建设起着引导作用。置身企事业单位文化环境中的员工，同时是社区的成员，生活、学习、工作在社区居民之中，他们通过家庭、亲属、同学、朋友，与社会各个层面保持广泛而又密切的联系，他们的道德修养、价值观念、审美情趣、生活方式等都会在潜移默化之中对周围居民产生示范效应。

第二，创造功能。企事业单位文化是在企事业单位存在和发展中形成的具有独特气质的精神形式和文明成果的一种浓缩，具有民主、开放、创新、进取的特性，具有更新和再创造文化的活力和条件，它既是社会潮流的追逐者，又是时代潮流的开创者。这是因为企事业单位的主体是最富活力的中青年，企事业单位文化是一个与时俱进的开放系统，具有相对敏感的特性，对于社会文化变迁的反应十分迅速。企事业单位对这种变迁进行筛选、过滤、扬弃乃至超越之后，实现自身的创造和更新，同时传导给所处社区，促进社区文化的发展。

第三，传承功能。文化的形成是一个动态发展过程，它既是一定社会和时代的特定产物，又是一个连续不断的积累过程。每一个社区特别是历史悠久的社区，居民的价值观念、社会心理、风俗习惯等经过祖祖辈辈的创造、筛选、加工、充实和发展，形成了社区的文化传统。这些传统因社区对环境的作用

传给企事业单位，使它们继承下来（当然，这不是继承社区传统文化的唯一途径），从而实现文化的传承。

第四，整合功能。由于文化的渗透性，不同文化既可能交相融合，又可能相互冲突。特别是随着全球化趋势和社会信息化的发展，社区文化趋于多样化，文化碰撞日益增多，尤其是人们面临的价值冲突与适应问题十分尖锐。所有这些也必然反映到企事业单位中来。企事业单位文化因其突出的引导性、计划性、整合性等特点，对文化冲突的协调、平衡、化解、融合相对社区而言具有明显的优势。企事业单位将上述“整合成果”辐射、传达到社区，能够促进社区多样性文化的发展趋向同社会主流文化保持良性关系，从而充分发挥社区文化的整合作用。企事业单位与所在社区是互为影响的，企事业单位文化的氛围及其内涵必然对社区成员产生潜移默化的影响，时刻辐射、影响着社区居民。正因为如此，企事业单位往往成为社区文化的亮点乃至制高点之一。

第五，补充功能。作为现代化产物的企业文化具有天然的先锋性、敏感性、叛逆性、开放性，有些新的文化因子特别是青年亚文化范畴的文化因子，原来并不存在于社区之中，往往是由企事业单位的主体（中青年）最先接纳和吸收的，然后传达、输送到整个社区，这就对社区文化起到了补充作用。充分认识城市社区与社区内企事业单位的文化互动对于加强相关社区和企事业单位文化建设，加速社区的资源共享，优化企事业单位的社区环境，促进社区、单位精神文明共建具有重要意义。

三、驻区单位参与和谐社区建设的优势

（一）资源优势

在计划经济时代，任何一个单位都被赋予了不同的行政级别，归属于某个特定的条块行政组织，成为社会行政管理组织的延伸和载体；按照条块行政组织进行的国家权力和社会资源的分配最终被落实到各个单位，单位是社会资源实际拥有者和控制者。体制转型之后，随着单位职能的分离，单位将过去承担的大量社会功能交还社会，但其所控制的社会资源依然沉积在原处，大量的物质性资源被闲置或开发力度不够。单位企业与单位办社会造成许多单位资源与社区的割裂，单位和部门所有的后勤服务和公益设施只为本单位人员服务，以及资源利用不充分和服务设施闲置，造成人力、物力、财力与场地的极大浪

费。除此之外，城市社区资源存在严重不足。驻区单位还拥有丰富的人力资源，如高学历、高技术型人才等。

（二）组织优势

现代经济学的理论认为，一个社会集团的力量大小，并不取决于它的数量多少，而是取决于它的组织程度，而组织程度的高低又与集团成员的经济状况有关。相对于社区居民分散状态而言，驻区单位具有高度的组织性，社会动员能力较强，在参与社区建设过程中能够迅速调动各种人力资源、经济资源等。驻区单位参与社区建设具有较高的效率，同时具有较高的质量，因而驻区单位是参与社区建设的一支重要力量。当前对于社区组织来说，先是提高对驻区单位在社区建设中的作用的认识，然后是如何引导驻区单位参与社区建设。要充分利用驻区单位的组织优势，提升社区建设的质量。

第二章　城市社区管理体系

第一节　社区服务与社区参与

一、城市社区管理体系——社区服务

（一）社区服务及其内涵

加强社区服务及其体系建设是全面落实小康社会的重要任务，是增强社区居民获得感和幸福感的民心工程，是稳增长、促改革、调结构、惠民生的基础工程。自 1987 年 9 月民政部在武汉召开全国社区服务工作座谈会，决定在全国部分城市进行社区服务试点工作以来，经过近 40 年的发展，城市社区服务设施从无到有，社区服务规模不断扩大，社区服务队伍日益壮大。然而，关于基本公共服务的建设与推进，则是近年随着我国市场经济改革的深化与政府治理能力的不断提升才逐渐发展与完善起来的。

关于城市社区服务的内涵，应从以下三个维度来理解：一是从提供服务的主体来看，主要包括由政府提供的社区基本公共服务，社会组织提供的公益服务，社区居民提供的志愿和互助服务，以及由市场主体提供的涉及居民多元化需求的社会化服务；二是从提供服务的内容看，主要包括教育、医疗、卫生、养老、就业、治安、社保等基本公共服务，购物、餐饮、保健、娱乐、物业等互助志愿服务；三是从提供服务的收费标准上看，既有政府、社区组织和社区志愿者提供的无偿或低偿服务，也有按照市场化形式运作的有偿化服务。某种程度上，为社区居民提供优质的基本公共服务是地方政府和基层政府的核心旨向。社区服务作为社区治理的重要组成部分之一，其最基础的社区基本公共服务质量水平不容忽视。

（二）社区服务质量及其评价指标体系构建的基本原则

所谓社区服务质量，是指社区服务供给的好坏。通常，社区服务的好坏取决于其供给能力及其质量的高低，而社区基本公共服务质量的高低则有赖于科学合理的社区服务质量评价，这也是新时代衡量社区居民“获得感”的一个重要指标。因此，加强新时代的社区基本公共服务质量评价指标体系建设，对创新与提升现有社区公共服务的质量标准具有重要意义。为此，结合新时代共建共治共享的社会治理制度要求和社区发展实际，应在坚持公众导向、质量导向、公平公正性与公共公益性相结合、服务质量水平与经济社会发展相适应的指导思想或原则下，尽快建立健全我国城市社区基本公共服务质量评价指标体系。

一是公众导向。民意价值的最高体现在于公众是否满意。公众作为服务的终端使用者，其对服务的感知不但是所有利益相关者最为关注的，而且其对基本公共服务的质量水平具有优先发言权，因此应将公众的感知及其满意度作为评价社区基本公共服务质量的核心理念之一。所谓满意度，就是服务对象的服务体验与期望值之间的匹配程度。公众满意度主要强调以人为本、以公众为中心、以满意度为尺度，是公众对政府公共部门等意愿的综合反映。公众对质量的评价是服务结果的指示灯，而依据公众满意度来改进基本公共服务质量无疑是一项颇具吸引力的改革路径。因此，以公众导向为原则建构城市社区基本公共服务质量评价指标，可以为持续提升与完善我国社区基本公共服务质量水平提供努力方向。这也是提高整体公共服务质量水平的基础。

二是质量导向。质量是判断公共服务是否达到有效供给的重要因素。只有公众导向，而无质量导向，则会使质量评价体系“束之高阁”。因此，质量导向同样是构建城市社区基本公共服务质量评价指标体系的首要原则。所谓质量导向，是指政府公共部门基于公众的立场，不断识别和理解公众的需求和期望，并将这些需求和期望转化为公共服务的质量特性。其通过导入新的质量观、新的质量理念和新的质量标准，引导政府公共部门提高公共服务质量及其管理水平。21 世纪，质量管理和顾客满意日益成为绩效管理的主流，用质量导向理念设计基本公共服务质量评价指标体系，不仅是公共服务质量管理的一项重要内容，还是对政府治理和服务理念的一种创新。

三是公平公正性与公共公益性相结合。城市社区基本公共服务质量评价指标体系的建构应注意公平公正性和公共公益性相结合的原则。这主要是基于对基本公共服务中“基本”二字的辩证性理解。一方面，公平正义是社会有序运行的基本原则。基本公共服务的供给应能满足社会公众最基本的公共需求，即保障民众基本权利，如生存权和发展权等。这也是民众理应享受公共服务的“最小界限”或“最低纲领”，因此应注意基本公共服务质量指标体系构建中的公平公正性。另一方面，基本公共服务有着强烈的“均等化”内涵，究其根源在于基本公共服务具有社会性、普遍性和公共公益性的特质。基本公共服务的覆盖面很广，且涉及公众最基本的日常需求，如衣食住行等。由此可知，基本公共服务的提供一般都是非竞争性、非排他性，且具有福利性、社会性的公共服务或产品，因此应注意基本公共服务质量指标体系构建中的公共公益性。

四是服务质量水平与经济社会发展相适应。城市社区基本公共服务质量评价指标体系的建构还应注意服务质量水平和经济社会发展相适应的原则。根据马克思的经济基础决定上层建筑的经典理论和马斯洛的心理需求理论可知，基本公共服务质量水平要以现阶段经济社会发展水平为依据。由于基本公共服务涉及的领域比较广泛，包括基本公共安全、社区教育、基础设施、医疗卫生、劳动就业等，其服务范围与服务水平要基于公众的基本需求、经济社会发展的阶段现状、政府现有的基本财力、提供公共服务的能力以及其他可提供的基本支持等状况来综合决定。特别是基本公共服务的内容、方法及手段一定要与社会公众的需求、基础设施及技术手段相适应。否则，基本公共服务的供给就是“无源之水，无本之木”。

二、城市社区管理体系——社区参与

（一）社区参与及其发展

社区参与是指社区居民自愿自觉地参加社区内的各种活动和事务的过程，它能激发社区居民参与社区事务的积极性，凝聚社区居民力量，促进社区社会组织的发展。通常社区参与被认为是民主的基石，在社区里居民能够行使权利、履行责任、积极参与公共生活。在现代社区治理中，社区参与的主体主要涉及三个层次：核心参与者/群体、志愿者和外围参与者。在实践中，有意义的居民参与至少涉及三个维度：一是居民参与是否有明确的社区公共问题意识；二是政府能否针对不同的居民，设计出不同的参与方式；三是这些参与能否产生实质性的效果。

某种意义上，社区参与的关键是社会资本。普特南认为，在一个拥有大量社会资本存量的共同体中，生活是比较顺心的，因为公民参与的网络孕育了一般性交流的牢固准则，促进了社会信任的产生。这种网络有利于协调和交流，扩大声誉，所以也有利于解决集体行动的困境。①此外，在现代社区参与中，社区参与意愿受居民年龄、性别差异、受教育程度、收入水平、居住年限、婚姻状况以及参与经历等因素的影响。在此值得关注的是社区民众中的“意见领袖”。通常，社区“意见领袖”由社区经济精英人士、社区文化精英人士、社团组织负责人士和社区社会热心人士等人群构成。为此，若要积极吸纳社区“意见领袖”参与到社区治理中来，则必须采取相应的策略以充分调动他们的积极性，使其自愿参与到社区公共事务中来，这样既可以从源头上避免与化解很多不必要的矛盾纠纷，又可以带动社区居民参与到社区治理中来，使得社区参与更具活力，更具持续性。

此外，当前我国社区居民参与在实践中还存在一些问题，亟须引起关注。一是在参与动机上，多为“被动式”参与（动员型的“被动式”参与），自发、积极、主动性的参与较少；二是在参与方式上，以行政动员型参与为主（社区以行政性的手段动员社区居民参与），以自发型参与为辅；三是在参与层次上，当前我国社区居民参与社区事务的层次相对较低，多为非政治性事务，文

① 贺佐成．社会资本视角下城市虚拟社区治理研究[M].广州：华南理工大学出版社，2014：175.

体类活动居多，即使参加政治性事务，也非通过制度化的正式渠道，大多通过社区邀请的方式参与，具有较大的随意性；四是在参与程度上，不同类型的社区，居民参与度差异较大，总的来看，老旧小区的参与度较高，现代商品房社区居民的参与度相对很低，如何有效调动现代商品房社区居民的参与度仍是一个值得探讨的问题。此外，社区居民参与社区事务的整体意识不强，不仅极大地影响了社会组织的健康发展，还影响了社会组织参与社区治理过程中作用的发挥。为此，实践中亟须在以上方面持续改进与提升。

（二）社区参与创新：开放空间

开放空间是当今我国城市社区参与的重要创新形式或技术之一。它最初是由哈里森·欧文于20世纪80年代提出来的一种对话形式。它使得各种群体可以在非常短的时间内通过自我组织来有效处理复杂的问题。参加者围绕一个具有重要战略意义的中心主题，在同时举行的工作会议中创建并管理他们的议程，让人们能够在他们真正关心和投入的领域全程参与并作出贡献。它呈现出一种举办会谈的新方式，并可以进一步发展为一种适用于整个组织或较小社区的新的组织方式。

开放空间会谈是以一个大型的围圈对话开始，只需要一名协助者。在致欢迎词后，协助者通过介绍主题或提出大家都关心的问题来开放空间。他接着会作出解释，说明后面的会谈由参加者确定和主持。然后邀请参加者共同制定他们感兴趣的讨论主题和议程。

开放空间的讨论要遵循四个基本原则：①与会者都是正确的人选——不要去想哪些特定的人应当参加；②开始时都是正确的时间——当万事俱备时事情就会发生，既不会提前，也不会错后；③发生的事都是唯一可能的事情——不要去想事情应当如何发生，而是关注实际已经发生的；④结束时就是该结束了——要解决的问题比日程表更重要。开放空间还有一条“双脚法则”，它鼓励人们对自己的学习、平和心境和贡献负责。如果某人在某处感到他不能学到新知识或者不能作出贡献，“双脚法则”鼓励他离开并转到另一个他认为自己会有所贡献并能全身心投入的群体。这些原则和定律为开放空间提供了一种包容性的场境，以鼓励人们为其所学和所作的贡献负完全责任。

总之，开放空间不但能够依其自身的方式来运行，而且开放空间也能平行地或更好地与其他工具或方法结合起来运作，如世界咖啡屋、理解性探寻、场景规划等其他方法。为什么开放空间与其他方法结合起来运作是重要的，其原因之一在于存在这样一个关键风险：开放空间会议的结束不需要有一个不同群体之间的集会。许多伟大的对话也许已经发生在小群体之中，但是它们并没有充分地交织在一起。对于运用开放空间这一方法的促进者和组织者来说，为发现一个建设性的开放空间会议奠定基础工作的方法和去发现创造这一集会与整体之间的重新联系的方法，是极为重要的一项挑战。另外，尽管原珂在研究中引用了哈里森·欧文关于开放空间与冲突情境的观点，即开放空间在冲突情境中是有用的，但是其风险在于冲突各方只选择那些与其持有一致观点的人一起工作。[①] 在这种情境下，把其与那些直接以化解冲突为目标的方法结合起来使用，则更为有效。此外，随着“世界咖啡屋”与许多其他的对话形式的出现，对话的真正艺术形式在于认同那些正确且具有吸引力的问题，那些真正吸引人们出于自发而投入一种思考与行动共同存在的共享领域的问题。

第二节　社区文化与社区教育

一、城市社区管理体系——社区文化

（一）社区文化及其内涵

文化是一个既简单又复杂，既具体又抽象的概念。在中国古代，“文化”一词通常是文治与教化的简称。古人把“文治武功”作为一种境界，把“文韬武略”作为一种手段，把“文如其人”作为一种风采。本质上，文化是外部事物在人的内心世界的意识化，是作为知识、观念、规范、价值等内在于主体人的意识之中，活跃于人的心灵世界的东西。英国人类学之父爱德华·泰勒在《原始文化》一书中，首次把文化作为一个概念提了出来。他认为：“文化，或文明，就其广泛的民族学意义来说，是作为社会成员的人所掌握和接受的任何其他的才能和习惯的复合体，包括全部的知识、信仰、艺术、道德、法律、风

① 原珂．城市社区治理理论与实践 [M]．北京：中国城市出版社，2020：94.

俗。”这是综合性的、现象描述性的定义，指出了文化的整体性，这也是目前具有代表性的文化定义。

通常，文化是在一定的空间范围和时间向度内生成的，而社区是文化的土壤。关于社区文化的概念，从不同视角解读，内涵不一。

1. 从生活方式的角度来定义

吴文藻认为，简单来看，社区文化是某一个社区的居民所形成的生活方式，也可以说是一个民族应付环境的总成绩。① 郑杭生认为，社区文化包含人类的精神生活方式和物质生活方式两个层次。② 奚从清认为，社区文化，就是指在一定的社区内，人们在社会生活过程中创造孕育出来的人工环境、行为模式和生活方式。③

2. 从广义、狭义的角度来定义

广义的社区文化，是指社区居民在特定时空内通过生产劳动为社会增加的所有物质财富和精神财富。狭义的社区文化，则指社区居民长期在特定环境活动过程中所形成的各种文化现象的总和。

3. 从特色文化的角度来定义

社区文化体现在它的语言文字、公共象征、知识信仰、知识体系以及有关行为程序中的惯例、规则与特定方式之中，是指社区内相对统一的一种文化。它与其他社区的行为体系有着很大的区别，如截然不同的居住形式、差异性较大的语言、不同的经济观念等，这是一种社区居民公认的社区文化，同时这种文化又约束着社区居民的行为方式和思维方式。

4. 从群众文化的角度来定义

社区文化是社会文化在社区中的反映，是地域性的群众文化。社区文化的价值取向、道德评价和感情色彩等，深植于社区且被社区居民所认同，并对社区内的居民具有一定的约束力，这种规范作用是法律约束所难以达到和不可替代的。

---

① 吴文藻．文化表格文明[J]．社会学界，1939（10）：135-137.

② 郑杭生．社会学概论新修[M].北京：中国人民大学出版社，1987：125.

③ 奚从清．社区研究——社区建设与社区发展[M].北京：华夏出版社，1996：191.

5. 从文化系统的角度来定义

社区文化指的是特定社会区域中人们各方面的行为所构成的文化生态系统。它既包括这一区域内人们的生产方式和生活方式，也包括该区域内社会成员的理想追求、价值观念、道德情操、生活习俗、审美方式、娱乐时尚等。

6. 从文化活动的角度来定义

我国学者张真理在对“社区流动人口服务管理与社区文化”这一内容进行研究时，从多个角度对社区文化进行了定义，其中在“文化活动说”中借用了美国学者凯西·布斯的观点，即社区文化主要是指社区文化活动，活动内容主要包括艺术活动、课堂学习、剧院演出、节日庆典、环境美化、文物保护和旅游等。①

社区文化的内涵很丰富。简言之，社区文化通常是指在一定区域范围内和一定社会历史条件下，社区成员在社区社会实践中共同创造的具有本社区特色的精神财富及其物质形态。它涉及视觉文化、环境文化、行为文化、制度文化和精神文化等内容，如社区节庆文化是集多种社区文化于一身的典型体现。从根本上来说，社区文化与其他文化一样，是一种独立存在的亚文化，也是整个社会文化的重要组成部分。因此，社区文化同样具有地域性、群众性、实用性、分散性等一般文化的诸多特征。现实生活中，社区文化还具有娱乐和健身功能、认知和育智功能、传承和整合功能、审美和创造功能等。特别是随着新时期我国学习型社会和终身教育的深入开展，新时代的社区文化对居民的综合素质影响越来越显著，具体表现在价值导向性、情感归属性、行为引导性和教育实践性等方面。这种意义上，在新时代，文化是魂，使民族走向复兴；教育是根，让花朵承载希望。以社区教育和终身教育为依托，创新社区文化模式，营造平等、公正、相互关怀的社区社会环境，提升人民的归属感和幸福感，是新时期社区文化建设的终极使命。

（二）社区文化与社区精神

社区文化与社区精神密切相关，但其有别于社区精神。社区精神是社区文化和社区价值追求，它表现为人们对社区文化习俗、行为方式、价值观念的支持、接纳、认同与遵从。社区精神既是社区治理的基础与方向、社区教育的核

① 张真理．社区流动人口服务管理[M]. 北京：中国社会出版社，2010：152.

心和联结社区居民之间情感关系的纽带，也是社区人的身份认同和价值心理的归属，更是人们形成凝聚力的核心。社区不仅是人们居住的空间，还是人们精神、情感的共鸣与寄予之地。而社区文化是社区的精神“魂魄”与“气质”所在。一个社区的持续发展，不仅需要以发展的眼光来引领，更需要社区文化来支撑，特别是对所在社区内在文化的传承与发展。社区文化不只是“社区＋文化”，社区文化还是一种气质、一种风格，更是一种精神。因此，社区文化的开展并不只是日常的“吹”“拉”“弹”“跳”“唱”“琴”“棋”“书”“画”“摄”，也不是跳跳“广场舞”、上街“打打鼓”、玩玩“柔力球”，而是要用一种精神来充实、丰富社区的文化载体，自觉形成社区居民共同的归属感、责任感与认同感。

本质上，社区文化是一种家园文化，它反映的是居民的精神面貌和价值追求，为完善社区治理提供价值认同基础和广泛深厚的群众基础。为此，新时代的社区文化建设应以为社区居民的生活营造良好文化氛围为根本目的，满足社区居民群众的文化需求，通过丰富多彩、寓教于乐的文化活动，增强社区居民的凝聚力和归属感，逐步形成社区居民共同的道德观和价值观，营造具有强烈的时代感，并被社区居民广泛认同的社区精神和文化理念。同时，新时代的社区文化在促进现代社区治理进程中也将持续发挥以“魂”铸人、以“德”树人、以“文”化人、以“技”助人、以“情”聚人的功能。

二、城市社区管理体系——社区教育

社区教育是在社区内进行的旨在提高全体社区居民素质和生活质量，促进社区发展的教育活动。其实，“社区教育”这一概念在国际上正式确立和广泛应用则是在第二次世界大战之后。目前，世界各国对社区教育的界定不一，尚未达成共识。根据《国际教育词典》中的解释，社区教育被广泛认为是一种将学校和大学当作面向所有年龄层开放的教育娱乐中心的过程，即政府在管理社会事务过程中可以利用社区教育的手段，调动人们的积极性，培养自主意识，从而能动地参与社会的管理活动。学者叶忠海认为，社区教育是指以社区为范围，以社区全体成员为对象，旨在发展社区和提高其成员素质和生活质量为目的的教育综合体。[①] 厉以贤则认为，社区教育是实现社区全体成员素质和生活

① 叶忠海．社区教育深入发展中的若干问题[J]．教育科学文摘，2011，30（4）：2.

质量的提高以及社区发展的一种社区性的教育活动和过程。[①]综上可知，社区教育是实现终身教育的重要形式和建立学习化社区的基础，其具备全员、全面、全程的基本特征。本质上，社区教育是一个多元立体的系统，即把人一生各个学习阶段的学习活动连贯起来，实现学习在时间上的纵向一体化；把学校、家庭、社会教育因素整合起来，实现学习与生活在空间上的横向一体化，使各种教育形式连贯、协调。也就是说，纵向上它贯穿人的一生，横向上它是学校教育、家庭教育和社会教育的结合。另外，关于社区教育的内涵，还需要从以下几个层面把握。

一是与社区建设和社会工作的关系。社区建设是社区教育发展的基础，社区教育是社区建设的重要内容与载体。它对于满足人民群众日益增长的教育需求、促进人的全面发展、推进社区建设及学习型社会建设等具有重要意义。与此同时，社区教育作为社区社会工作的一种模式，旨在营造平等、公正、相互关怀的社会环境，促进居民行为的改善和意识的提升，增强对社区的归属感。例如，社区矫正就是社区教育的一种有效实践形式，亦是社区社会工作的一项重要内容。某种意义上，社区教育的目的，既是为了培养成员的社区集体观念和认同感，提高社区居民整体素质及生活质量，又是为了化解社区矛盾、解决社区问题，推动社区发展，实现社区善治。

二是与学校教育的关系。现代社区教育是一种区域性的教育社会一体化的教育模式，是有别于传统的学校教育、成人教育、职业教育的一种新型的教育模式。社区教育较之全日制普通教育，其参与群体无论在年龄、职业还是学习能力、时间和需求等方面都更为复杂多样。较之学校职业教育，社区教育更为关注在生活水平提高的同时居民终身学习能力的发展，而不仅仅止于职前终结性的专业技能教育。社区教育是终身学习理念在居民中发挥作用的一个实践性立足点。社区教育的公益性、公平性等特点，容易被居民接受和认可，使居民乐意并自觉接受社区教育。社区教育的发展，弥补了原有教育体系的结构性缺失和制度性缺陷，社区教育资源人人共享，特别是弱势群体、困难群体享有平等的教育机会，帮助他们掌握了生活的技能。此外，社区教育通过将家庭教育、学校教育、职业教育等融为一体，有效克服了家庭教育的封闭性、学校教育的局限性、职业教育的功利性等，这有助于社区教育成为建设和谐社会、推

① 厉以贤．中国社区教育的几个难题[J]．中国远程教育，2007（10）：1．

进教育公平的有效途径和手段。

三是与终身教育的关系。终身教育是贯穿人的一生的，并与社会多元化、一体化、平等化等相关联的旨在提升全民素质的教育，具有全面性、普及性、机动性、多样性和系统性等特征。而社区教育作为终身教育体系的重要组成部分，是落实终身教育“最后一公里”的重要抓手。它不仅有力推进着学历教育与非学历教育协调发展、职业教育与普通教育相互沟通、职前教育与职后教育有效衔接，而且还“焊接”着教育体系的缝隙，打造着一体贯通、一脉相承的终身教育体系链。具体来说，终身教育侧重从纵向的时间维度兼顾空间维度来认识问题，科学定位终身教育在社会化大教育体系中的位置；而社区教育则是侧重从横向的空间维度兼顾时间维度来认识问题，更多地和全民教育、社会教育靠近。虽两者各有侧重，但又相互交叉与弥合。

四是与学习型社区、学习型城市和学习型社会的关系。社区教育是学习型社区、学习型城市与学习型社会建设的基本单位，它与学习型社区、城市和社会的建设是一脉相承、层层递进的关系。21 世纪是知识经济时代。放眼全球，创新、知识、学习对于城市、地区乃至国家的财富积累、就业市场及经济发展所具有的巨大推力已经成为广泛共识。而知识经济时代要求与之相匹配的学习化社会，亦要求有应对不断变化的经济与社会环境所需的学习型社区。社区教育作为学习型社区建设的具体形态和有效抓手，也是学习型城市与社会建设的出发点与落脚点。某种程度上，新时代的学习型社区既可以是一个城市，也可以是一个城镇或地区，其将学习作为促进社区建设、发展和治理的核心手段，以完善的社区教育体系和普遍的学习型组织为基础，社区居民广泛参与多样化的社区学习活动，从而有效提高社区居民的素质和生活质量并促进社区持续发展。

最后需要说明的是，关于社区教育的内涵，综上主要有三个维度：一是为了社区的教育，以社区需求和终身学习为导向；二是属于社区的教育，强调社区参与和公民精神提升；三是通过社区的教育，重视社区教育资源的有效利用与整合开发，注重社区与教育的关联度以及社区教育的结构功能等。然而，本书更为注重的是社区教育作为新时代社区建设与可持续发展的重要内容之一，其与社区发展和社区行动的关系。社区教育只有真正服务于社区行动才能获得社区成员的认同和支持并取得真正的成功，而大量的社区行动都是在社区教育的激发和帮助下形成并实现自己目标的。社区发展以社区教育和社区行动为主要路径，通过社区教育促进社区行动最终实现社区发展，这已经被国际社区发展经验证明为具有普适性的成功路径。在我国，新时代的社区教育需要把服务于社区居民的个体需求与服务于社区行动结合起来，把前者作为后者的手段和载体，实现社区教育、社区组织和社区行动的一体化，以促进社区行动特别是治理能力的不断提升。

第三节　社区安全与社区自治

一、城市社区管理体系——社区安全

社区安全是指社区治理各行为主体，依靠社区力量，强化社区控制手段，促进社区环境的有序状态。其涉及社区治安、社区公共安全、社区安全服务、社区安全规划、社区警务等。现实生活中，社区安全治理的主体包括街道、地区综治委、公安部门、社区居委会、业主委员会、物业服务企业、驻区单位、志愿组织及社区居民等。某种意义上，社区安全的目标应是建设平安型社区，即实现社区的稳定与安全。安全是每一位社区居民最基本的诉求，正如马斯洛需求层次理论所指出的那样："安全"是仅次于"生理"之外的第二大需求，是人的基本需求之一。同时，社区的稳定与发展也离不开社区平稳的秩序和安全的环境。因此，新时期依然要加强城市社区安全工作，这是降低城市更新与转型风险、应对城市化挑战的基础性工作。

社区安全是社会稳定的"基石"，同时是社会治安稳定工作中的第一道防线。"利莫大于治，害莫大于乱。"安全稳定是人民安居乐业的可靠保障和坚强后盾。社会治安稳定关系到人民生命财产安全，关系到群众安居乐业，是保证地区经济社会健康有序发展和社会主义现代化建设顺利进行的基本前提和重要保障。但在此需明确的是，社区安全治理的重点是服务，而非管控。特别是在社区综合治理安全方面，过去更多强调的是对部分人群及部分行为的管控，而现在注重的是为群众提供更加安全的保障，并在保障服务过程中实现对少部分

群众及其行为的管控。21 世纪以来，我国在城市社区安全视域下的网格化管理即是如此。某种程度上，城市社区网格化管理作为一种基层管理制度，其在提高行政效能、维护社区治安、保障社会秩序与稳定等方面成效显著。

此外，在现代城市建设和发展中，“门禁社区”（也称“封闭社区”）越来越多。封闭社区虽在表面上提高了我们的安全系数，但实则带来了更大的安全风险，过度的安全保护措施会降低公共空间的品质和使用效率，不利于社区管理和民主建设，不利于诸如医疗、教育和交通等公共服务的发展。

二、城市社区管理体系——社区自治

社区自治主要是指社区居民依法通过民主协商的方式，凝聚社区共识，共同解决社区公共事务，以实现自我管理、自我服务、自我教育与自我监督。从本质上来说，社区自治是我国政治经济体制改革与城市社区建设中城市基层管理体制的创新，是我国城市居民直接参与基层事务管理，依法行使管理国家和社会事务的民主权利的一种具体方式。它同村民自治一样，都是一种具有中国特色的社会管理方式和民主参与制度。

现实生活中，社区居民既是社区治理的主体，也是社区治理的客体。因此，必须运用各种方法，充分调动全体社区居民通过一定的组织、方式主动参与到社区治理中，实现自我管理、自我服务、自我教育与自我监督。同时，居民自我组织社区内外部资源，管理社区事务，解决社区问题，实现民主自治，也是长期以来政府失灵与公民自治力量增长双重博弈下的现实选择。

此外，推进城市社区自治，不仅有利于促进社区管理体制改革，创新社区治理模式，还有利于加强基层民主建设，提高城市治理水平，从而进一步推动我国上层建筑改革，加速民主化进程。

第三章　城市社区管理模式

第一节　城市社区管理模式的历史变迁

一、单位制城市社区管理模式（1949—1992 年）

单位制城市社区管理模式是中华人民共和国成立后最早出现的城市社区治理模式，主要发生在计划经济时代（1949—1992 年）。“单位”是一个具有中国特色的专有名词，是我国各种社会组织所普遍采取的一种特殊的组织形式。在我国计划经济时代，单位对城市居民来说极其重要，是城市居民生活依附之所在。城市居民的生老病死、衣食住行都与单位息息相关。个人归属于单位，单位直管个人。对于国家而言，单位是国家对社会进行直接管理的组织手段。因此，以单位为系统来管理城市居民是计划经济时代所采用的主要制度和手段。

由于当时“政企”“政事”之间没有明确的划分，各单位基本上成为行政附属物或者准行政组织，在某些情况下可以行使行政组织的各项权利。国家在掌握和控制了所有社会资源后，可以直接由单位进行分配，在这种情况下，城市中的居民委员会所发挥的作用就没有那么明显了。单位制城市社区管理模式具有十分显著的特征：一是行政主导和条块分割，简单来说就是在城市社区管理过程中，主要运用的是单一行政机制和政府主导力量；二是非政府组织从中所发挥的作用和机制微乎其微；三是个人对单位具有较高的依附性，自治权和参与权均由单位掌控。

二、社区合作制城市社区管理模式（1992—2000 年）

随着市场经济的逐步建立，城市实现了由机械强制化团结状态向有机自愿团结状态的转变，市场呈现出多元化的景象，单位制城市社区管理模式已经无法适应当时的发展态势，逐步走向解体。这也在某种程度上意味着社区生活开始占据人们更多的时间，在这种情况下，社区治理的重要性更加凸显。原本作为单位体制补充的街区体制，成为城市社区治理的主要体制。

社区合作制城市社区管理模式是由单位制城市社区管理模式向自治制城市社区治理模式转型的中间产物，也是计划经济体制向市场经济体制转型过程中的特殊产物。在单位制模式下，单位负责所在社区居民的住房、婚姻、丧葬等方面的事宜，同时处理居民公共生活中的问题。随着市场化进程的不断推进，特别是国家企业改革的持续深入，使得原来单位所承担的诸多社会功能被淡化、分解，如一些住房等被市场所取代；待业就业、下岗再就业、职业培训、养老送终等一系列公共事务转向社区。与此同时，政府通过城市管理体制和政府机构改革，一方面，政府权力下放，城市社区被赋予了更多管理权限；另一方面，政府通过职能转变，将原来政府所承担的诸多公共事务、公共服务职能分离出来，转而由社会承担。如此一来，社区在获得较大管理权限的同时，部分管理权限被转移到社会层面，最终形成了社区合作制城市社区治理模式。这种治理模式是政府与市场共同推动的结果，其特点是社区的治理由政府主导，其他中介组织、社会团体为辅加以配合进行管理。在这种治理模式下，政府与社区组织的关系由过去的领导与控制开始转向指导、协调、合作的关系。

社区合作制城市社区治理模式适应了我国转型时期城市管理的需求，为维护社会稳定、提升社区自治能力发挥了重要作用。

三、社区自治制城市社区管理模式（2000年至今）

针对我国城市社区管理的实际问题，我国于1999年和2000年推行了社区建设改革与试验，沈阳市和武汉市江汉区以社区自治为导向，在城市社区管理和运行体制等方面进行了积极探索。目前，虽然我国城市社区治理体制中大部分城市都采用行政主导模式——社区合作制城市社区治理模式，只有少部分城市和试点社区实行半行政半自治模式，但是社区自治制城市社区治理模式毕竟是新事物，代表了这个时期我国城市社区治理模式的新特点，也是我国未来城市社区治理模式的新趋势，值得关注。

目前，我国对社会自治制城市社区治理模式的做法主要有以下两个方面。

第一，在城市社区撤销街道办事处等政府行政管理机构，通过民主的方式设立社区成员代表大会制度，行使最高决策权，密切联系社区成员，维护社区成员的正当权益。社区代表大会是最高的权力机构，社区发展规划、社区规章制度和其他重大问题由社区代表大会决定。

第二，设立社区理事会或社区管理委员会。社区理事会是社区成员代表大会的执行机构和常设机构，由社区代表大会民主选举产生，其职能是执行社区代表大会的决议，并对本社区进行民主自治化管理。

通过以上措施，淡化了社区管理中的职权主义，凸显了群众自治组织的自治性质。政府专注于政策的制定、组织的协调，指导社区服务中心履行政府各部门职能，为社区居民提供政策性服务。社区中介组织、社区自治组织等非政府组织成为全方位承担社区服务功能的主体。

第二节　城市社区管理的典型模式

一、政府主导的上海模式

上海社区管理的最大特点是将社区定位于街道，即街道社区。如此定位能够使资源分布相对均匀并得到较好利用。这种模式与上海市“两级政府、三级管理、四级网络”的城市管理体制紧密结合，社区管理由领导系统、执行系统、支持系统共同构成。

学界一般把上海社区治理模式定义为“政府主导型社区管理模式”。这种模式的主要特点是将社区定位于街道范围，将过去的党政权力转移和下放到街道办事处，通过政府主导推进社区发展。政府派出机构和职能部门不仅对社区规划和管理发挥领导作用，还协调社会性组织和居民自愿参与，借助行政力量培育居民自治的意识和能力，推动居民参与社区各项事务。该模式具有如下特点。

（一）重视党政组织在社区管理中的核心领导地位

街道党工委、街道办事处和城区管理委员会是社区管理的实际领导者和组织者。街道党工委掌握着社区最高权力，对街区内的政治、经济和社会发展实行全面领导，在辖区内享有重大事项决策权、干部任免权、党风政纪监督权、基层党组织和党员管辖权等权限。街道办事处受区人民政府的领导，其工作重点是社区管理和社区服务。街道办事处具有部分城区规划参与权、分级管理权、综合协调权和属地管辖权。城区管理委员会是新成立的组织，由街道办事处牵头，由派出所、房管所、工商所、市容监察分队等单位组成。它是规划、协调、指导地区性城市管理事务的临时机构。

（二）加大社区管理的执行力度

社区发展治理委员会、社区治安综合治理委员会、财政经济委员会等是社区治理的执行组织，具有对辖区内市政市容工作实行综合管理、对辖区内社会发展与建设工作进行管理与协调、协助街道党工委和办事处领导辖区内的社会治安综合治理工作、对辖区内街道财政进行预决算等职权。

（三）调动社区居民以及群众组织的积极性

社区内企事业单位、人民团体、自治组织、社会工作者、居民群众等是社区治理的支持者和配合者，对社区公共事务管理进行议事、协调、指导、监督和咨询。社区服务咨询协商委员会是由热心社区服务的各个方面代表组成的议事机构，目标和运行方式与社区管理委员会相似。居民区组织包括居民区党组织、居民会议和居民委员会。居民区党组织为辖区内各种组织和各项工作的领导核心。居民会议是实行城市社区居民自治的决策机构，由选民或选举的代表组成，每年至少召开两次会议。居委会按照议事和执行相分离的原则设置，居委会主要行使议事权，下设社会工作者办公室来承担社区的具体工作事务。此外，社区内还有作为自治监督机构的小区事务监督委员会，对居委会及成员的工作进行评议。

二、社区自治的青岛模式

青岛社区管理模式可以概括为“一个核心、三套体系”。“一个核心”是指以社区党委为核心，“三套体系”是指社区自治体系、社区服务体系和行政事务体系。社区自治体系即社区委员会，负责教育、文化、环境工作；社区服务体系即社区服务中心，负责提供服务、组织管理；行政事务体系即社区事务受理中心，负责社会保障、司法等工作。我们可以看出，这种管理体制给社区赋予了更多的服务项目和管理权限，强化了社区自治功能。青岛社区管理模式的优势在于，政府只需要对社区管理投入必要的资金，不需要大量财政投入；只需要优化调整社区管理的人力资源，不需要按人口比例配备工作人员；只需要重新配置社区现有的资源，不需要高标准的社会和经济基础。南京等地的社区管理模式同样也是社区自治模式。

三、议行分离的沈阳模式

沈阳市的社区管理模式始于 1999 年 10 月，主要以城市社区组织建设作为基层政权建设的入手点组建社区。在社区内可建立三个层次的机制，即决策机制、执行机制、监督机制，这三种机制能够促进社区自治，从而形成了议行分离的管理模式。沈阳社区管理模式的特点是，建立了一些组织机构，社区的管理由社区居民委员会负责；研究部署工作规划由社区协商议事委员会负责；反映居民心声由社区成员代表大会负责。通过建章立制，明确各自职责。除了这些特点，沈阳模式还有许多创新点：一是科学调整社区规模，使其介于原居委会和街道之间；二是吸纳单位进社区，扩大管辖面积；三是面向社会，通过多种考试招聘人员；四是落实基层民主政治建设，联系辖区内人大代表，促进社区工作；五是通过设立专业组织，完善社区组织架构。沈阳市的社区管理模式处在全国前列，在基层政治体制改革、国家政治民主建设、社区建设前进方向等方面都发挥了极大的作用，值得推广和借鉴。哈尔滨等地的社区管理模式也是议行分离的模式。

四、半行政半自治的江汉模式

武汉市江汉区的社区管理模式始于2000年2月，它的建设目标是真正转变政府职能，创新管理体制，通过建立基层自治组织，不断增强社区自治能力，构建一半由政府管理、一半由社区自治的模式。江汉模式建立的步骤：一是组建期，划分合理区域，建立管理组织；二是过渡期，转变政府职能，强化居民自治；三是完善期，完善民主决策、监督、选举制度，提升社区管理能力。江汉模式的特点以体现社区管理的自主性为主：一是政府下放权力给社区，并由社区进行支配；二是转变政府工作中的被动状态，不再是无权、无费用地只做事，而是建立“权随责走、费随事转、责权利配套”的工作机制。

五、三位一体的杭州模式

杭州作为中华人民共和国第一个居委会诞生的地方，是中华人民共和国基层群众自治组织建设的发源地。近年来，随着杭州经济文化建设的繁荣发展，人民生活水平节节攀升，思想文化素质也得到很大的提升，人们对社区建设和管理水平的要求也提高了。为了顺应社会的发展，2008年，杭州市委、市政府首次提出“三位一体”的城市社区管理新理念，并开始大力推动社区公共服务工作站的建设。从此杭州市走上了探索城市社区管理新模式的道路。

在不断探索和改进中，杭州形成了由社区党组织、社区居委会、社区公共服务工作站所组成的“三位一体”复合式社区管理模式。所谓复合式管理模式，就是这三个机构之间相互交叉合署。“交叉”是指这三个机构人员之间实行交叉任职，这一机构的成员可以同时是另一机构成员，这一机构的领导也可以是另一机构的领导。这样就能保证社区管理领导统一，居委会和公共服务工作站的工作不脱节，社区自治工作不空缺。“合署”则是指三个机构合署为一个机构，称为“社区委员会”，使决策实现“党政一肩挑”，同时能更好地领导社区的管理工作，确保社区政治、文化、社会服务、居民自治等各项事业蓬勃发展。除了警务室和卫生服务站，其他上级政府部门下设在社区的部门全部纳入社区公共服务工作站统一管理，而且警务室和卫生服务站还要接受社区公共服务工作站的指导和监督。通过这种“三位一体”的交叉合署模式，在保证党的领导的同时避免了社区居委会被边缘化，促进了基层党组织建设、公共服务、社区自治共同进步。

虽然从组织形式上来说“三位一体”的模式是交叉合署，但是在工作形式上，“三位一体”模式又强调分工合作。第一，社区党组织、社区居委会、社区公共服务工作站必须明确各项职责分工。社区党组织是整个社区的指挥中心，包括社区居委会、社区业委会、社区公共服务工作站在内的各种组织都要接受社区党组织的领导，它与乡镇、街道党委具有同等的地位和功能；社区居委会作为群众性的社区自治组织，在党的领导下实行有序、有限自治，与社区党组织分工合作，主要履行社区自治组织功能和社区管理的监督功能；社区公共服务工作站则是社区各项公共事务的执行机构，它在党委领导、政府指导和居委会监督下，承办上级部门委托的涉及居民切身利益的社区事务，同时完成社区该负责的各项行政工作。第二，在具体工作中，三者不仅有明确分工还要相互合作，工作站和居委会在社区管理中承担好各自职责的同时需要互相支持和帮助（图 3-1）。

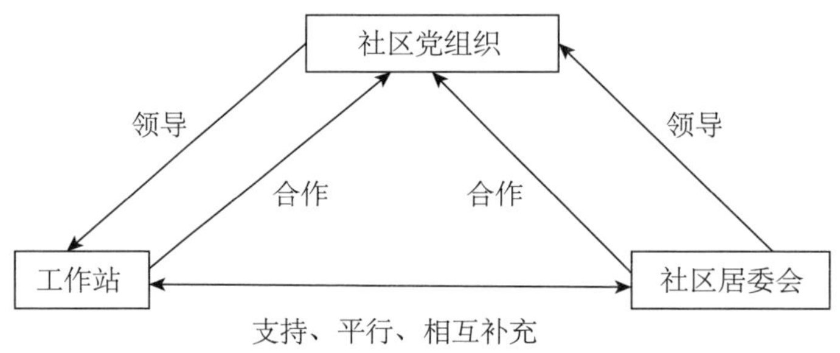

图 3-1　社区党组织、居委会、工作站三者关系

这种“三位一体”的城市社区管理模式顺应了政府依法行政的要求，体现了政府管理要与社区自治实现良好互动和有效连接的改革趋势，形成了社区党组织、社区居委会、社区公共服务工作站之间成员交叉任职、合署办公的局面，做到了各组织之间人员整合、职责明晰、目标明确、经费充足、设施完备，推动了社区管理、社区公共服务和社区自治的齐头并进。

第三节　完善城市社区管理模式的设想

一、强化社区居委会的自治性质

在城市社区管理中，进一步理顺城市基层政府与社区之间的关系对城市社区的健康发展至关重要。政府必须转变职能，改变当前“全域政府”和“全能政府”的状况，从社区的日常事务中抽离出来，使社区由国家治理的单元转变为社会生活共同体。政府需要发挥好桥梁的作用，做好衔接社区居民自治与国家依法行政的工作，而那些居委会层面上的社区公共事务，将由居民自主处理和解决。那么，要从根本上改变政府与居委会之间的领导与被领导关系，保持社区居委会的自治性和独立性，我们必须对社区居委会的制度进行改进和创新。

（一）改革居委会委员的选举和人员组成方式

一方面，要全力推进社区居民直接选举居委会制度建立的进程。也就是说，居委会的成员应该通过无记名投票方式由居民会议或居民代表会议选举产生。在正式投票之前，广大群众有权利了解每一位候选人的基本情况及其执政主张，而每一位候选人也有义务向居民会议或居民代表会议宣传其执政主张。只有从居民直选中产生的社区居委会才有代表群众利益的可能，才不会盲目遵从政府的指示。

另一方面，居委会的组成人员朝非职业化方向发展。作为城市基层社会的群众性自治组织，居委会的工作不能也不应该成为其成员谋取劳动报酬的手段。居委会的工作不是一种职业，而是一种公益事业，居委会的工作人员也应该是一群活跃于社区的民间社会活动家，他们可以是居住在社区的国家工作人员、企事业单位的普通职工，也可以是家庭主妇和离退休干部。当然，居委会也可以根据他们的工作职责给予一定的经济补贴。实现居委会成员的非职业化，不仅有助于增强成员自身的荣誉感和责任感，还有助于提高他们的“参政议政”意识。

（二）明确居委会的职责

明确居委会职责，首先，要厘清行政事务和社区自治事务、政府委托事务和社区自治事务的边界。其次，要本着职、责、权、利统一的原则，该由政府行使的职能由政府承担，该由居委会承担的工作由居委会执行。最后，为了维护居委会的自治性质，一方面，街道办事处要尊重居委会的自治地位，改进工作方法，尽量采用说服教育而不是发号施令、签订任务责任书的方法来要求居委会协助政府工作；另一方面，居委会要明确协助范围，提高自治意识，切忌盲目代替政府部门处理各项具体行政事务。

（三）改革社区居委会工作考核方式

在街道办事处和居委会间建立一种相互监督的体系，不但政府可以对居委会的工作进行考核和监督，而且居委会也有权利和义务对街道办事处在社区管理上的工作情况进行评价和监督。对此，无论是街道办事处还是居委会都应明确这样一种认识：加强居委会对街道办事处工作状况的监督与评估，既是社区自治的必然要求，也是政府密切干群关系、完善社区管理的必要环节。同时，我们必须建立起以居民满意度为核心的社区居委会工作评价标准，使社区居委会成为真正为居民服务的自治组织。

二、加强数字化管理平台的建设

一方面，在“互联网 +”背景下推进数字化社区管理平台建设。随着互联网技术以及信息技术的高速发展和广泛应用，人们的工作生活已与网络密不可分。特别是随着移动终端的普及，人们可以通过各类移动终端随时随地收看和发出相关的信息，所以对于社会领域的各个方面而言，信息技术的影响是无处不在的。随着互联网时代的到来，以信息技术推进社区建设，已成为提高社区管理和服务水平的重要手段，特别是“互联网 + 政务”的工作模式已被我国政府大力提倡和推广，结合“一号、一网、一窗”的工作服务模式，利用大数据平台为群众提供快捷、高效的服务，是未来社区发展的一个重要方向。在过去，百姓办理相关的公共业务，可能需要到多个窗口来回跑，耗费很多的时间和精力，还需要亲自前往政务大厅，整个过程十分烦琐，需要耗费很多成本。这对于政府而言也是机构的增加和人员的冗余，部分业务还需要专人办理，这对于服务型政府建设而言很不利。所以，社区需要结合“互联网＋政务”的模式，打造一条线上通道，进而推进社区管理新模式的构建，同时构建与之相关的社区数字化管理平台，还可以结合一点办理、一站办理、全区通办的高效模式，以技术作为支撑，以网络作为依托，构建起“一中心四平台”，解决老百姓办事难的问题，提高政务效率，使得规范、透明、高效成为服务政府的标签，所以这对于智能网络平台的建设很有帮助。

另一方面，在社区管理模式优化过程中，提升社区管理合理性，展现数字信息技术优势。以平台模式作为实际的助推点也是相关的政策需求，对于社区而言具有很好的借鉴意义。对于数字信息化平台的建设而言，需要充分结合发达地区的经验，也需要充分考虑地区的实际情况，在资金的投入方面、科技性人才的引进方面以及数字化平台建设所采取的技术方面，都需要结合实际情况分别探讨。这对于整体的业务推进很有帮助，可以在线上就发现的问题作出处理并及时上报，充分利用资源和信息技术打造了一个区级职能部门、街道办事处、社区三级网络的管理模式，使得相关的数字信息技术优势得到真正的展示。

三、整合社区治理政治文化资源

（一）充分发挥社区基层党组织的模范带头作用

我国城市社区治理最显著的特点就是坚持党的领导。当然，我们所说的党的领导并不是说党组织要直接干预社区日常事务的开展，而是在社区建设过程中，要坚持党的方针政策，不能偏离社会主义的方向，在此基础上，保证社区居民进行社区治理。目前，我国社区中基层党组织还没有真正发挥先锋作用，其工作内容多限于纸面、会议，与居民联系不够紧密。在接下来的工作中，应该调动每一名党员的积极性，深入居民生活之中，及时倾听居民的心声，尽可能满足居民的现实需要，不断提升党员在社区服务中的自觉性。

（二）提高居民的政治角色认知意识

所谓政治角色认知，是指参与政治的主体对自身在政治活动中所要扮演角色的认知。在社区治理中，社区中的每个居民都是政治主体，都与社区中的政治活动密不可分，都应该积极参与到社区的治理活动中来。全国人民代表大会和全国人民代表大会常务委员会在制定《中华人民共和国国务院组织法》《中华人民共和国全国人民代表大会和地方各级人民代表大会选举法》时对于居民在社区治理中的政治权利作了相关规定。但是，我国有些城市居民的政治角色认知度并不高。因此，在加强社区民主政治建设过程中，一定要促进代表选举程序的公开化、透明化，为社区居民真正参与到社区事务决策的监督中提供可靠条件。

（三）加强社区的文化教育建设

社区文化事业的健康发展是社区精神文明建设的重中之重，因此要做好社区文化资源的整合利用工作。

1. 加强不同文化主体之间的交流学习

社区居民的多样性决定了社区文化的多样性，不同年龄和不同工作的居民自身所代表的文化具有典型性和独特性，如果不同文化之间能够深入交流和融合，将有利于和谐社区的建设和社区文化繁荣。其中，传统文化作为历史传承的一种表现形式，具有深厚的内涵和民族情结。现代文化作为现实生活的一种新兴展现，具有强大的活力和吸引力。在社区文化资源整合过程中，如果能够将传统文化与现代文化结合起来，让两种文化相互包容、相互借鉴，那么一定能够推动社区文化的协调发展，甚至发展出新旧结合的第三种文化。

2. 充分利用社区中的各种教育性资源

社区教育的内容包括学校教育的社区化、社区活动的教育化和居民终身教育，社区教育的对象包括社区中的不同群体。我国经济的发展决定目前社区居民的多样性，这对社区教育资源的整合提出了新的要求，如何才能满足不同群体的教育需求成为现代社区教育工作的重点。其中，针对外来务工居民的子女入学难情况，社区应该积极进行校舍扩建和教师资源的再分配，及时解决孩子因家庭的流动性带来的上学难问题。针对社区居民受教育程度不同的情况，社区要积极开展社区内的科技知识宣传活动、普法宣传活动，利用节假日开办居民学校，同时注重加强居民的思想道德建设，学习社区中先进道德模范，摒弃不良作风，激发居民参与社区治理的积极性。

3. 积极引导和发展娱乐性文化

社区作为居民长期居住的地方，是人们最主要的休息场所，在社区中开展娱乐活动，能够丰富居民的业余生活。目前，人们面临巨大的工作压力，如何拥有一个释放压力和情绪的场所，成为人们提高现代生活质量的现实要求。居民作为社会中的一员，每个人都是独一无二的，但是如果按照兴趣进行划分，几乎就能够将每位成员容纳进某一个兴趣圈中。我们常见的社区娱乐活动有广场舞、戏迷团、棋牌社、书画会等，这些娱乐活动能够激发居民参加业余活动的热情，有的还能够成为居民健身的主要方式。

社区作为社会的一个细胞，整合社区文化资源、繁荣社区文化事业、拓宽社区文化范围将提升社区居民的生活品质，完成社区治理在现代社会中的完美转型。

第四章　城市社区服务管理

第一节　社区服务管理概述

一、社区服务管理的特点

社区服务保障是通过直接服务的方式为社区居民提供生活保障的，其在管理上具有如下特点。

（一）离不开多主体参与

社区服务保障是社区开展的内部事务，应按照社区自治相关法律进行规范。所有社区服务保障供给主体和接受对象都有资格参与社区服务保障过程的协商管理。

（二）要实行全面管理

由于社区服务保障供给主体的多样性，社区服务对象是全体社区居民，开展的服务业务五花八门，因此应该对社区服务保障进行全面管理。要制定多方面、多环节、多领域的相关制度，并注重多种制度的衔接性、互补性，使其方便执行。

（三）增强服务资源筹措能力

社区服务保障的持续开展依赖于服务资源，所以社区治理主体不能绕过服务资源筹措这一环节。只有拥有足够的服务资源，才能实施相关服务保障项目。但是社区拥有较富余的人力资源，服务保障的财力资源和物力资源供给能力较弱，社区治理主体应增强服务资源的筹措能力。这是社区服务保障管理的重点和关键。同时，社区要注重对公共服务设施的维修，保证其在社区公益性服务和公共服务过程中发挥应有的功效；要加强社区工作人员、社区社会工作人员的职业技能培训，提高社区服务工作者的服务能力。

（四）将服务质量放在重要位置

社区服务保障是通过直接服务的方式为社区居民提供生活保障的，服务质量包括服务态度、服务技能、服务规程、服务工具，这些都是改善社区生活状况，让服务对象满意的根本保障。因此，社区服务保障管理必须将服务质量管理放在重要位置。

二、社区服务管理的措施

根据社区服务管理的特点和我国目前社区服务刚起步的现实，笔者认为对社区服务保障进行管理的措施包括以下几个方面。

（一）建设社区服务保障管理体制

要想强化社区服务保障的功能，就必须积极探索社区服务保障管理体制。组建社区服务保障管理机构，逐步理顺社区服务保障供给主体和服务对象之间的关系、理顺社区服务资源各主体之间的关系、理顺社区服务各领域之间的关系。制定社区服务管理措施、社区服务流程、社区服务制度，用规制和机制治理社区。

（二）建设社区服务保障管理平台

为了提高社区服务保障管理效率，社区服务保障管理应向信息化的服务管理方向发展。为此，要建设社区服务保障管理平台，将社区服务信息化建设与提高居民的生活质量结合起来，使社区服务保障走上网络化轨道。建设社区服务保障管理平台，应以居民需求为导向，以信息技术应用为龙头，以宽带多媒体网络为基础。社区服务保障管理平台由“两网”“一站”“一库”“一个中心”等要素构成。社区服务保障管理平台的“两网”指联通社区服务的宽带网络，实现社区服务宽带网络进入每一个家庭，实现社区服务宽带网络进社区；社区服务保障管理平台的“一站”指社区服务门户网站；社区服务保障管理平台的“一库”指社区资源数据库；社区服务保障管理平台的“一个中心”指为民服务热线呼叫中心。建设这样的管理平台能为提高社区服务保障的管理水平打下坚实的物质基础。

（三）克服社区服务保障的缺陷

当前，社区服务保障存在的不足，主要体现在部分社区服务资源缺乏、社区服务制度不健全等方面。为此，要积极加强社区服务基础设施的建设和社区服务工作队伍的建设；大力开发社区服务项目，完善社区服务管理机构，加大社区服务保障资金支持力度，加强社区社工人才培训，弥补社区服务保障系统存在的缺陷。

第二节　创新社区管理服务机制

一、建立社区公共服务管理制度和社区共建联席会议制度

不断完善社区管理服务的制度建设，以机制创新推动社区管理服务更好更快地发展。

（一）建立以“四项制度”为核心的社区公共服务管理制度

这四项制度分别是：“管线包片”制度，采取专项服务与责任片区相结合的方式，每名社区专职工作者除负责专线为民服务项目外，还要负责联系一定数量的责任片区；日常工作制度，探索民情恳谈、协商议事、监督评议、网上

论坛等有效形式，引导鼓励社区居民和驻区单位广泛参与，健全“日受理、周例会、月讲评、季恳谈、年考评”五项社区服务工作机制；绩效追踪制度，社区专职工作者按工作职责承担专项服务的受理、分类、落实、反馈任务，为社区居民提供优质、高效、便捷的服务，建立以“后台追踪、全员考评”为主要内容的绩效追踪机制，通过组建以社区居民为骨干的专兼职绩效监督队伍，对社区为民服务情况进行随机抽查、实时回访和动态监督，促进社区更好地为社区居民服务；综合考评制度，建立服务绩效与精品社区评估、星级和谐社区评选的对接机制。

（二）进一步完善社区共建联席会议制度

共驻共建、资源共享是新形势下社区管理服务工作的客观要求，从健全社区共建联席会议制度入手，本着培育社区共建意识、凝聚社区各方力量、整合社区各种资源、创建优良环境的共建原则，进一步研究和探讨联席会议的工作机制和长效机制，使社区共建联席会议制度在有效整合社会资源、增强社区整体功能方面发挥更大的作用，促进社区关系互动与融合。

二、构建社区救助保障、便民利民、社企扶持的服务体系

服务是社区工作的出发点和落脚点。要进一步创新社区服务方式、完善社区服务设施、强化社区服务功能、丰富社区服务项目、拓展社区服务领域，推动社区服务体系不断完善。

（一）实施“扶民”工程，建立社区综合救助保障体系

建立以政府救济为主体、社会互助为辅助、基层组织为依托的社会救助体系，针对困难家庭、优抚对象、残疾人、外来务工人员大力开展廉租房、医疗、司法等各项救助工作；建立低保与就业的联动机制，积极开发社区就业岗位，多渠道开展就业和再就业培训，切实做好“零就业家庭”就业援助工作；适应各地日益严峻的老龄化形势，探索建立区、街、社区三级居家养老组织机构和服务网络的有效途径，推进特色居家养老服务建设。

（二）落实“便民”工程，建立便民利民服务体系

在服务设施方面，围绕便民利民的原则，在街道建立社区卫生服务中心、社区司法调解中心、社区老年人服务中心和社区再就业指导中心，构建社区综

合服务体系。同时，进一步整合服务资源，实现社区服务资源 1+1>2 的聚合效应。依托社区服务中心，采用遴选、签约、挂牌服务的形式将辖区的商家、超市、奶站、维修点等整合到社区服务体系中，为居民提供方便快捷、质量满意、价格公道的服务。

（三）拓展社区服务领域，构建社企之间相互服务体系

不断探索公共服务、中介服务、居民自治和互助服务“三位一体”的社区服务体系，充分发挥政府、社区、民间组织、驻社区单位、企业及居民个人在社区服务中的作用，基本形成社区服务组织健全、服务功能完善、服务主体多元、服务质量较高、覆盖全体居民并与市场经济体制相适应的社区服务体系，实现社区成员需有所应、困有所助、难有所帮。

三、重点做好四个方面的社区服务工作

（一）推进政府公共服务进社区

按照打造“服务型政府”的方式，积极推进政府职能转变、工作重心下移，改进服务方式，提高服务质量。各职能部门要做到工作任务、人员配置、服务承诺、考评监督、工作经费“五到社区”。同时，进一步理顺管理体制，推行“三转三服务”：权随责转，对接服务；费随事转，购买服务；人随岗转，优化服务。

（二）开展社区志愿服务活动

进一步加强志愿者组织建设，逐步健全由地区志愿者服务机构、服务基地、服务队伍构成的组织网络，为居民提供各种类型的服务。

（三）打造“社区 10 分钟生活服务圈”

进一步发挥新城区社区建设领导小组的作用，以打造“社区 10 分钟生活服务圈”的形式进一步明确服务工作标准，规范服务内容，通过建立社区服务公开承诺、社区服务人员培训和社区服务质量监督三项制度，为提高社区管理服务水平提供坚强的保障。充分调动社区各方面的积极性，鼓励企业投资社区服务信息化项目和相关设施。

（四）依托农村社区服务中心，构建和谐的农村社区

以农村社区服务中心建设为抓手，规范农村社区管理和服务，推进农村和谐社区建设。农村社区的服务功能，不仅要为居民提供生活服务，还要为居民提供便捷的生产服务。要学习和借鉴城市社区建设的经验，建立社区服务中心、为农服务中心、公共事业服务中心，搭建好服务平台，使其具备商品流通、文化娱乐、卫生医疗、体育健康四大功能，为农村社区居民构建一个功能齐全、贴近生活、感受亲切的生活服务圈，最终实现城乡统筹发展、社会和谐进步的目标。

第三节　社区基本公共服务质量评价指标体系

一、建构城市社区基本公共服务质量评价指标体系的意义

社区作为社会的基本单元，是城市的基本构成单位，也是国家公共治理的根基。如果说城市治理是国家治理的核心，那么城市社区治理则必然是城市治理的核心。而社区服务作为社区治理的重要组成部分之一，其最基础的社区基本公共服务质量不容忽视。为此，通过建构一套系统的城市社区基本公共服务质量评价指标体系，全方位地对城市社区基本公共服务质量进行评价，对社会公众、基层政府及其社会治理创新等具有重要意义。

（一）公众层面：有利于从根本上落实公民权利，实现基本公共服务均等化

随着近年城镇化进程的快速推进，城市社区建设日益加速，社区基本公共服务在社区建设与治理中的地位也越发凸显。而社区居民作为基本公共服务的受众或终端使用者，其对基本公共服务的质量水平最有发言权，理应成为社区基本公共服务质量评价的主体。为此，建构城市社区基本公共服务质量评价指标体系，对城市社区基本公共服务质量进行评价，既可以广泛宣传和普及基本公共服务的内容，又可以使社区居民积极参与社会事务与公共决策。这不仅有助于进一步规范社区层面的基本公共服务供给，还有利于从根本上落实公民权

利，实现基本公共服务均等化，让发展成果惠及全体人民。

（二）政府层面：提供优质公共服务，提升基层政府形象

通常，公共服务的态度是由提供者的服务意识决定的，而以政府为主体的公共服务供给者往往缺乏服务意识，这是造成社区基本公共服务质量水平低下的重要原因之一。建构城市社区基本公共服务质量评价指标体系，对城市社区基本公共服务质量进行评价，不仅有利于提升社区基本公共服务质量和社区公共服务水平，提供优质公共服务，还是服务型政府的内在要求，有利于进一步提升基层政府的整体形象，争取把基本公共服务制度作为公共产品向全民提供。其具体体现在以下几个方面：可有效提高基层政府的行政效率、效果和效益，推进效能政府建设；可强化基层政府的成本意识，节省行政成本，推进节约型政府建设；可密切基层政府与群众的互动关系，提升基层政府公信力，推进责任型政府建设；可促进基层政府职能的转变，强化基层政府的社会管理职能和公共服务职能，推进服务型政府建设。

（三）社会层面：加强社区建设，完善社会治理，实现国家长治久安

随着我国社会政治、经济、文化的发展和城市化进程的加快，城市社区建设在经济和社会发展中的作用愈发重要。建设和发展城市社区，不仅是推进社会管理创新的重要举措，还是社会建设与治理的基础工程。为此，建构城市社区基本公共服务质量评价指标体系，对城市社区基本公共服务质量进行评价，不仅仅是加强城市社区建设、完善城市基层社会治理的重要组成部分，更是国家治理体系和治理能力现代化的必然选择。同时，在一定程度上还可以间接促进经济社会的可持续发展，维护基层社会的安定团结，实现国家的长治久安。

二、城市社区基本公共服务质量评价指标体系的建构

一个完整的城市社区基本公共服务质量评价指标体系不仅应覆盖所涉及的基本公共服务事项，对每一事项的测评还应包括以下五个维度：提供基本公共服务数量、服务结构、服务态度、公共服务产品质量和公众满意度。其中，服务结构可以通过不同服务项目的公众需求程度、匹配程度、时间间隔等指标测量；公众满意度可以通过服务提供的可获得性、及时性、准确性、安全性及响应性等指标测量。总之，依据这些指标体系，可以完成对某类或具体某项社区

基本公共服务质量的有效测评。

在城市社区基本公共服务质量评价指标体系的具体建构过程中，不仅应包括基础设施、设备、人员等硬性指标，还应包括服务结构、服务态度、公众满意度等软性指标。具体来说，有关评价指标体系的设计既应包括过程性指标，如社区实际开展基本公共服务工作情况，也应包括结果性指标，如社区居民实际享受的服务项目内容等；既应包括客观性指标，如所供给的基本公共服务领域、服务数量、服务结构、服务产品标准等，也应包括主观性指标，如服务态度、社区居民的满意度等（表 4–1）。

表 4–1　城市社区基本公共服务质量评价指标体系

一级指标	二级指标	三级指标
社区公共安全（10%）	1. 安保服务（警察服务、专业保安、群众治安等）（25%）	社区保安数量，社区安保服务时间，社区安保经费投入，社区安保服务项目
	2. 消防服务（25%）	社区消防人员数量，社区消防器数量，社区消防经费
	3. 自然灾害救助（25%）	社区自然灾害应急设施状况，社区自然灾害援助经费投入，社区自然灾害预防演练次数，社区自然灾害救助居民数量
	4. 冲突化解服务（25 %）	每年参与社区居民冲突调解人员（人次），冲突调解次数，调解成功率
社区基础教育（10%）	1. 正式教育（各种普通学校）（25%）	社区幼儿园数量，社区中小学数量，社区高等院校数量，社区职业院校数量
	2. 非正式教育（25%）	社区成人教育机构数量，社区职业培训机构数量，社区市民学校数量，社区讲座论坛次数
	3. 图书馆服务（25%）	社区公共图书馆数量，社区学习活动室数量，社区图书阅览室数量
	4. 科技知识普及与推广（25%）	社区科技工作者数量，社区科技知识普及次数，社区科技讲座论坛活动次数

续 表

一级指标	二级指标	三级指标
社区医疗卫生（10%）	1. 基本医疗服务（16.7%）	社区卫生服务中心（卫生站）数量，社区基本医疗服务人员数量，社区基本医疗经费投入，社区基本医疗覆盖人数，社区药品专卖店及综合店数量
	2. 公共卫生保健（16.7%）	居民健康档案管理服务，社区健康教育服务，社区儿童健康管理，社区老年人健康管理
	3. 疾病防控服务（16.7%）	社区疾病预防服务项目，社区预防接种服务人数，社区疾病预防经费投入
	4. 公共卫生突发情况处理（16.7%）	社区公共卫生突发情况处理人员配置数量，社区公共卫生突发情况处理次数，社区公共卫生突发情况处理成功率
	5. 社区康复服务（16.7%）	社区康复服务中心数量，社区康复服务中心人员数量，社区康复服务中心硬件设施，社区康复服务项目
	6. 计生服务（16.7%）	社区人口与计划生育服务站数量，社区计生服务项目，社区孕产妇健康管理
社区社会保障（10%）	1. 基本社保制度（16.7%）	社区基本社保制度种类，社区居民了解基本社保政策的途径
	2. 社会救济服务（16.7%）	社区救济服务项目，社区救济服务经费投入，社区救济服务居民数量，社区专业社工和志愿者数量
	3. 优抚工作（16.7%）	社区优抚工作服务项目，社区优抚工作经费投入，社区优抚工作服务居民数量
	4. 特定人群保障（16.7%）	社区特殊人群管理服务项目，残疾人康复中心数量，社区专业社工数量
	5. 低保服务（16.7%）	社区低保项目，社区低保服务经费投入，社区低保服务居民数量，社区专业社工和志愿者数量
	6. 公共保障性住房服务（16.7%）	社区保障性住房服务项目，社区保障性住房经费投入，社区保障性住房服务居民数量
社区基础设施（10%）	1. 基础市政工程设施（50%）	社区道路状况，社区供电、供水、供暖等状况，社区公共厕所数量，社区公交站数量
	2. 基本生活服务设施（50%）	社区综合便利店数量，社区邮政、储蓄等网点数量，社区居民停车场数量

续 表

一级指标	二级指标	三级指标
社区劳动就业（10%）	1. 就业信息服务（25%）	社区就业信息发布平台，社区就业信息服务项目，社区就业信息发布经费投入，社区就业信息发布次数，社区就业信息服务居民数量
	2. 技能培训服务（25%）	社区技能培训中心数量，社区技能培训服务项目，社区技能培训经费投入，社区技能培训举办次数（年次），社区技能培训服务居民数量
	3. 岗位开发服务（25%）	社区岗位开发服务中心数量，社会岗位开发服务项目，社区岗位开发服务轻费投入，社区岗位开发服务居民数量
	4. 社区流动人口管理与服务（25%）	社区流动人口管理与服务人员数量，社区流动人口管理与服务项目，社区流动人口管理与服务经费投入，社区流动人口管理与服务居民数量
社区文体休闲（10%）	1. 基础公共文化设施（20%）	社区文体活动中心数量，社区文体活动中心经费投入，社区文体活动中心服务居民数量，青少年综合文化活动中心数量，老年活动中心数量
	2. 基础体育设施（20%）	社区基础体育设施服务项目，社区基础体育设施经费投入，社区基础体育设施维护次数
	3. 公共体育活动（20%）	社会公共体育活动项目，社区公共体育活动经费投入，社区公共体育活动承办次数（年次）
	4. 大众传播媒介（20%）	社区大众传播媒介种类数量，社区大众传播媒介服务项目，社区大众传播媒介举办活动次数（年次），社区大众传播媒介服务居民数量
	5. 文体知识普及（20%）	社区文体知识普及服务项目，社区文体知识普及经费投入，社区举办文体讲座论坛数量（年次），社区文体知识普及服务居民数量
社区环境保护（10%）	1. 生活垃圾处理（25%）	社区垃圾收集点数量，社区垃圾转运站数量，垃圾回收站数量
	2. 污水处理（25%）	社区下水道等排水设施状况，社区生活污水处理状况，社区雨污水处理状况，社区公用污水处理状况
	3. 大气污染预防与治理（25%）	社区大气污染预防与治理服务项目，社区大气污染预防与治理经费投入
	4. 社区生态（25%）	社区绿化覆盖率，社区环境整洁度，社区生态保护经费投入，社区环卫及管理和维修，社区生态保护志愿者数量

续 表

一级指标	二级指标	三级指标
社区公共信息（10%）	1. 政府信息供给（25%）	社区工作站数量，社区社会事务服务厅数量，街道行政及各类事务综合信息服务
	2. 政务活动信息查询或咨询（25%）	社区政务信息公示栏数量，社区政务信息查询
	3. 天气气象信息（25%）	社区天气气象发布数量（年次），社区雷电、台风、雾霾预警信息，社区天气气象信息咨询
	4. 政府对外开放服务（25%）	政府相关部门接待数量（年次），政府相关部门开放服务途径是否合理，社区居民接触相关政府部门的便利性
社区基本公共服务整体质量（10%）	1. 整体服务数量（20%）	服务数量是否充足（是、否）
	2. 整体服务结构（20%）	服务结构是否合理（是、否）
	3. 整体服务态度（20%）	服务态度是否良好（是、否）
	4. 整体服务产品标准（20%）	服务产品标准是否合格（是、否）
	5. 整体公众满意度（20%）	公众是否满意（是、否）

第五章　城市社区文化管理

第一节　社区文化管理概述

一、社区文化与社区文化管理

（一）社区文化的概念

1887 年，德国社会学家 F. 滕尼斯在《社区与社会》一书中提出：社会是社会共同体，以目的、利益、契约以及距离为基础；社区则是生活共同体，以地域、意识、行为以及利益为特征。我国学者费孝通在《社会学概论》中将其定义为，社区是若干社会群体（家庭、民族）或社会组织（机关团体）聚集在某一地域里所形成的一个生活上相互关联的大集体。他还认为，只要是社区，就都具有四个最基本的特征：地域要素、人口要素、结构要素、社会心理要素。此后，不同的社会学家对社区从不同的角度进行研究，提出了不同的定义，据有关数据显示，在 1981 年时这一定义达到 140 多种。韦伯、齐美尔、杜尔凯姆、沃思等对社区提出了具有代表性的定义，有的把社区描述成群体、过程，有的把社区描述为社会系统、地理区隔和归属等，其中地域、共同联系和社会互动成为大家研究的共性因素。总结以往的定义，结合当前物业管理实际，我们对社区作出如下定义：社区是指区域性的社会，是在相对独立的区域内，具有一定人口和建筑规模，能够满足人们的日常文化需要，能够感觉到的相对具体化的社会。《陕西省城市社区建设暂行办法》对社区特色的界定为："社区文化是指社区内一种高度的共同一致的文化，拥有区别于其他社区的独特的行为系统……以及某一种宗教信仰和价值观念等。"社区文化是指通行于社区范围之内的特定的文化现象，包括社区内的人们的信仰、价值观、行为规范、历史传统、风俗习惯、生活方式、地方语言和特定象征等。

广义的社区文化是指社区居民在特定的区域内，经过长期实践而创造出来的物质文化的总和；狭义的社区文化是指社区文化现象的集成，即社区居民在特定区域内的长期实践中逐步形成和发展起来的，有一定特点的价值观念、生活方式、行为模式和群体意识等文化现象。

社区文化是社会文化在社区中的反映，是地域性的群众文化。社区文化体现社区居民的价值取向、道德评价和感情色彩，它一经产生便被社区居民所认同，便对社区内的居民有一定的约束力，这种规范作用是法律约束所难以达到和不可替代的。

通过对以上各家理论的综合，笔者认为，对社区文化的界定，既要全面，又要准确，更要符合实际。对社区文化内涵的理解，一定要和社区充分联系起来。文化一旦与社区割裂开来，就不是真正的社区文化。而只要是文化，就必定是在一定范围内产生并存在的，既包括空间的范围，也包括时间的向度。社区文化，自然也是在一定的空间内即社区范围内产生的。因此，社区文化是在社区这片土壤中孕育和传承的，存在于社区的社会活动和生活工作之中。它是指在一个社区范围内，在实现中华民族伟大复兴的社会历史条件下，特定社区内的居民和成员在社区内部生活生产实践中，共同创造形成的既具有自己发展特色又能为人民大众自觉接受的精神财富及其所形成的物质形态的总和。

（二）社区文化的功能

社区文化的功能十分丰富，就目前来看，主要有三个方面的功能。

一是规范功能。随着城镇化进程的加快，社区数量日益增加，社区文化愈加重要。许多社区文化组织如雨后春笋般冒了出来。众多零散、不正规的社区文化组织逐步向规范化方向发展。在这一发展过程中，往往会出现一些不符合社会主义核心价值体系的行为，而社区文化所具有的规范功能，就是对社区居民产生一定的约束作用，使其更好地践行社会主义核心价值观，起到法律约束所难以达到的和不可替代的作用。特别是在建设社会主义和谐社会，塑造高尚人格、陶冶情操、培养与造就社会主义合格建设者等方面具有十分重要的作用。

二是教育功能。社区文化对社区居民如影随形，并伴随着社区长期存在。同时，社区文化是社会文化的具体反映和坚实承载。社区文化的潜移默化，客观上具有强大的教育功能。社区文化通过侵入式的方式，使社区居民在社区文化活动中，既得到欢乐愉快的精神享受，又在不知不觉中受到了教育。一方面使居民对社会的情况更加了解，更易接受新事物；另一方面促进居民更好地适应社会，健康成长。知识作为人们谋生的资本和竞争的砝码，必须不断地扩充和强化。尤其是在知识大爆炸时期，信息源广、知识面宽、更新速度快，为了适应日新月异的信息时代，必须不断通过各种方式跟进学习。社区文化作为社会整体文化的承载，主动将各种新知识传递到广大居民中来，成为社区居民更新知识、增长见识的平台。例如，可以开展培训，培养技能，开发成员智力，增长个人才干，增加在社会大潮中的竞争能力，更好地工作和生活。

三是凝聚功能。社区文化具有团结凝聚、增进社区融合发展的重要功能。它把社区里的每一个人、每一个家庭、每一个组织按一定的方式组织起来，为社区稳定和发展服务。社区文化有助于增强本社区成员的归属感、认同感，培育社区成员观念，强化成员向心力、凝聚力，从而整合社区成员。

（三）社区文化管理的概念

有了社区，才有社区文化；有了社区文化，才会形成对社区文化的管理。社区是自然而然形成的，社区文化是自发形成的，刚开始时是一种无序的、杂乱的状态，有积极的、健康的、向上的社区文化，也有消极的、低俗的、恶劣的社区文化。我们知道，社区是社区文化管理的物质基础，而社区文化从另一个意义上讲是作为社区文化管理的客体存在的，只有在这些前提下，才能形成对社区文化的管理。随着工业化、城市化进程的加快，社会结构逐步由以乡村为基础的体系向以社区为基础的管理体系转变，社区正在成为现代社会的“细胞”。进一步加强对社区精神领域的建设，筑牢社会和谐稳定的基石，成为世界各国的共识。每个社区要按照各自不同的内容和性质，采取诸多办法和措施，主观上满足居民文化需求，提高社会文明程度，推进社区文化繁荣发展，就形成了对社区文化的管理。具体到我国的实际，社区文化管理就是党政组织、自治组织等管理主体根据社区的实际情况，运用经济、法律、思想政治及引导教育等方式，在遵循文化自身发展规律的前提下，有计划、有意识地控制社区文化的发展、演化与形成，使之体现管理主体的意图、实现管理主体的目标。这一永不间断地对社区文化进行引导、管控的过程，就形成了所谓的社区文化管理。

二、我国社区文化管理的发展方向

（一）加强政府在社区公共文化服务体系建设中的主导地位

社区文化是社会发展和精神文明建设中的一个独特的组成部分，是城市文化软实力的重要体现。政府应当在社区公共文化服务体系建设中占据主导地位。一是重视社区公共文化的作用。转变重经济、轻文化的思路，把社区文化建设放在重要的位置上，把社区公共文化服务体系的建设作为政府绩效管理的重要指标。二是加大对社区公共文化服务体系的资金投入。保证公共文化服务体系建设经费随着国民经济发展逐年提高，在总体上满足公共文化服务体系建设的经费需求，不断提高社区公共文化服务的水平。三是完善社区公共文化服务体系建设规范，出台合理有效的社区公共文化服务体系建设指标和服务指标，构建公共文化服务产品配送网络体系，保证文化服务的基本性、均等性和便利性目标的实现。

（二）多元主体协同参与社区公共文化服务体系建设

我国社区文化公共服务体系正处于加快建设和不断完善的阶段。我国城市社区文化要想实现跨越式的发展，就必须建立公益性和产业性文化资源的有效整合机制，这既符合经济全球化条件下我国文化事业发展的总趋势，也使社区文化服务具有强劲的动力。只有引入产业和市场机制，才能使城市社区文化逐渐进入良性发展的轨道，逐步摆脱政府对城市社区文化的依赖，以“自立、自养、自兴”为发展策略，发展城市社区文化产业。在社区公共文化服务体系建设中，要发挥社区自治组织的主体作用，社区公共文化资源的分配决策权应由居民享有，对政府划拨的建设经费、场地使用及部分项目收费所得的经费使用等拥有决策权。注重培育专业化文化服务社工队伍以激活社区文化活力。

（三）保护社区文化的历史资源

政府对社区文化的管理不再局限于琐碎的文化活动，而是针对市场和民间力量不愿或无力涉及的文化领域，如大型标志性社区文化设施和社区历史文化遗产的保护、社区文化风格的确定、社区环保意识的培养等问题，政府须担负起应尽的管理和服务职责。政府在社区文化发展中的指导地位，并不意味着政府应该完全退出城市社区文化发展的领域，而是在城市社区文化的宏观管理上发挥作用。

现代大众文化使城市社区具有了可随意选择的、适合本社区特色和阶层的文化形式，但同时现代大众文化所具有的标准化、易复制特征，在使城市社区文化深入人心的同时，不可避免地使城市社区文化失去了特色与个性。部分城市社区不仅在外在形象上表现出较强的一致性或相似性，还在文化活动形式上趋于雷同。“千城一面”的城市让人难以辨别，失去了城市社区文化赖以存在的地域个性。因此，应因地制宜地设置村史陈列、非物质文化遗产等特色文化展示设施，突出乡土特色、民族特色。

由于城市化、城市现代化是相对于传统的一种全面的“革新”，而城乡社区文化的传承性，恰恰能够保留与维系现代城市人与传统的联系，成为社区文化积淀与现实交融的结晶。我国很多城乡社区都拥有丰富的历史文化资源，如北京市的胡同文化和四合院文化已经成为北京城市社区文化的一个显著特色。丰富的历史文化资源不仅有利于社区文化活动的开展，还是城市社区文化个性与特色形成的基础。21 世纪的社区文化发展中，现代文化资源的引进与历史文化资源的保护，具有同等重要的作用，两者相互促进，协同一致，才能形成既有现代文化气质，又有历史文化底蕴的社区文化。

第二节 社区文化活动的组织与管理

开展各类文化活动是社区文化建设的重要载体和基本途径。社区文化活动的组织与管理是多元化的，从社区文化的组织管理主体角度来分析，可以将社区文化管理归纳为以下六个方面。

一、社区党组织对社区文化活动的组织领导

社区党组织是社区各类组织和各项工作的领导核心。在社区文化活动中，社区党组织要牢牢把握社区文化发展的正确方向，始终坚持正确的思想导向。针对社区文化活动日益丰富、日趋多元的特点，社区党组织要自觉贯彻落实党的方针政策，按照社区文化活动的规律，依靠社区群众，及时掌握社区文化活动的最新动向，对社区内各类有组织的文化活动进行指导，对分散的文化活动进行引导，对文化活动进行监控，保证社区文化活动符合社会主义方向和对社会主义精神文明建设的要求。

二、社区居委会对社区文化活动的组织实施

社区居委会负责文化工作的组织机构，主要包括社区文化站、社区文化活动中心、社区文化活动室等，其职责是在社区党组织和自治组织的领导下，安排和协调社区文化活动，向社区居民和单位提供各类文化服务，对社区各单位、各社团、各家庭的文化活动进行检查评比，对违法文化活动进行监控，批评错误倾向和纠正错误做法，保证社区文化活动在健康、正确的轨道上运行。

三、社区文化事业和文化经营单位对文化工作的管理

社区文化事业单位主要包括图书馆、博物馆、科技馆、展览馆、少年宫等，是国家兴建和扶持的社会文化公益单位，是社会主义精神文明建设的主要阵地。社区文化经营单位主要包括书店、音像店、书报刊摊点、网吧、KTV、

旱冰场、游泳馆、网球场等，是社区文化建设的重要补充形式。文化事业单位要进一步深化改革，引入市场竞争机制，提高服务质量。文化经营单位要健全设施，优化营业环境，进行合法经营，实现经济效益和社会效益的双丰收。

四、驻社区单位对内部文化活动的协调管理

驻社区单位主要包括机关团体、学校、医院、部队、各企事业单位等，经常会举办一些文娱体育活动和节日纪念活动，有的还开展一些比赛活动和职工业余培训活动。管理好驻社区单位内部文化活动，一是要调动各单位组织活动的积极性，把单位内部文化建设作为一项重要工作，纳入单位的日常工作日程，并由专人负责，提供经营场地等工作条件。二是社区文化部门要加强对驻社区单位内部文化活动的组织指导，要按照规划要求布置各阶段任务，并进行检查督促，注意各单位之间文化活动的协同合作，共同推进全社区的文化建设。

五、社区文教部门和学校对社会教育的管理

通过开展各类岗位培训、职业技术培训、干部职工继续教育培训，以及各种形式的思想政治教育、形势政策教育、道德品质教育，可有效提高社区居民的综合素质，优化社区发展环境。在社会教育活动中，社区文教部门要妥善地进行组织分工，积极整合社区内分散的教育资源，对相关活动进行引导和提供服务，如提供咨询、对外宣传、协助招收学员、调剂场地、聘请师资等。学校作为教育单位，要积极发挥自身优势，主动配合有关方面，为社区的社会教育提供教室、教具、师资等基本条件，成为社区文化建设的重要力量。

六、社区文化部门、公安部门对社区文化活动的监管

随着当今时代信息传播技术的进步和信息传播渠道的拓展，人们在获得所需信息的同时，不可避免地面临着信息泛滥、信息虚假甚至反动信息的危害，这给人们的生活带来了诸多困扰，严重时还会威胁社会的和谐稳定。因此，社区文化部门、公安部门要加大对社区文化的监管力度，不定期开展社区文化专项整治行动，严厉打击不法行为，鼓励扶持健康、积极向上的文化活动，为社区文化活动培育一方洁净的发展沃土。

第三节　社区文化与社区教育融合发展探索

一、社区文化与社区教育融合发展的意义

（一）传统文化传承创新的需要

社区文化是指社区群体意识、价值观念、生活方式等文化现象的总和，既是社区建设的灵魂，也是社区的精神内涵所在，其中就包括了社区所在地的地域文化与传统文化。近年来，很多传统文化在现代化进程与西方文化的双重冲击下日渐式微，面对发展空间缩减、传承主体散失、创新发展不足等困境，将传统文化的传承与社区教育融合起来尤为必要。一方面，传统文化可以借助社区教育课程和活动在社区居民心里生根发芽并发扬光大；另一方面，传统文化在社区中的传承创新有利于唤醒社区居民的文化自觉和文化自信，营造良好的社区教育氛围，进一步推动文化繁荣。

（二）社区建设深入开展的需要

社区建设是指在党和政府的领导下，依靠社区力量，利用社区资源，强化社区功能，解决社区问题，促进社区经济、政治、文化、环境协调和健康发展，不断提高社区成员的生活水平和生活质量的过程。近年来，随着地方经济建设的快速发展，很多地方政府把社区建设更多地看成是一种社会经济现象，在社区建设中过度追求高度的物质文明，比如社区经济发展、硬件设施建设等，忽视了社区精神文明建设以及对居民精神层面需求的满足。21 世纪的社区建设走的是一条从社会返回社区的道路，即社会人文化，强调培育社区人文精神是现代社区建设的核心。因此，深入开展社区建设必须要将社区文化与社区教育有效融合起来，一方面，重视社区文化建设，以此来引导价值取向、规范居民行为、增强社区凝聚力；另一方面，充分发挥社区教育在社区居民与社区文化中的桥梁作用，促进社区文化的普及传播与传承创新，提升社区居民的

文化领悟力与文化素养。

（三）居民幸福指数提升的需要

社区作为人民群众安居乐业的家园、构建幸福社会的基础，能够帮助居民树立正确的文化价值取向和健康的价值观，从而为和谐社会建设提供强有力的精神支撑。具体来说，就是在社区文化建设中遵循以人为本、尊重差异、包容多样的原则，推动现代文化与传统文化、精英文化与大众文化、本土文化与外来文化的融合；在社区教育活动中坚持以社会主义核心价值体系为统领，坚持正确的文化价值取向。通过两者的有效融合引导居民形成健康的价值追求、精神境界、文明修养和道德情操，提升居民幸福指数。

二、社区文化与社区教育融合发展的路径

（一）融合发展过程

社区文化与社区教育通过政府、社区学校、单位、民间组织、居民等多元主体的参与，以社区课程、社区活动、品牌项目等内容为载体，在发展过程中互相融合、互相推动、协同发展，呈现出一种螺旋上升的过程。其具体分为四个阶段，各阶段之间并没有明确的界限，但能够有效展现两者融合发展的趋势。

1. 第一阶段：社区文化带动社区教育

传统文化的发展为社区教育提供了坚实的群众基础及丰富的活动内容，政府、社区学校也为社区教育提供了相应的政策、资金、教师等资源，这些都有力带动了社区教育的发展。

2. 第二阶段：社区教育促进社区文化

社区教育在发展中逐渐形成了一些特色品牌项目，一方面，促进了传统文化的传承创新，扩大了社区文化的影响力；另一方面，丰富了社区居民的文化生活，营造了良好的文化氛围，增强了社区居民的认同感，推动了社区文化建设由物质层向精神层深入。

3. 第三阶段：社区文化与社区教育互相结合、互相推动

社区文化建设的深入对社区居民的价值观念、生活态度、行为方式产生了

积极影响，满足了居民多样化的学习需求，也为社会主义核心价值观融入社区教育创造了条件。而蕴含社会主义核心价值观的社区教育又进一步促进了社会主义先进文化在社区的传播，推动了社区文化建设向更深层次发展。

4. 第四阶段：社区文化与社区教育深度融合、全面发展

一方面，社区文化不断扩大社区教育的服务范围，提高社区教育的服务质量；另一方面，社区教育不断提高社区居民的综合素质，提高社区的文明程度及治理水平，促进社区建设，最终满足社区居民美好生活的需要。

（二）融合发展路径

1. 结合传统文化

传统文化是当地居民在长期居住和交往中形成的物质财富与精神财富的总和，其中存在着大量不同形态的中华文明精粹，能促使人们重伦理、重情义，有利于形成和谐文明的环境以及淳朴向上的民风，对社区文化建设具有巨大的促进意义。同时，地域文化多样化的表现形式能够丰富社区教育的内容，其广泛的群众基础可以促进社区教育的发展，而社区文化教育活动又能结合时代精神进一步发掘优秀传统文化的价值，在文化传承的同时做到文化创新。

2. 服务人民群众

人民群众是社区文化建设的主要参与者，能够促进社区文化的发展繁荣，也是社区教育的主要服务对象，其满意度决定着社区教育的成效。社区文化与社区教育融合发展的根本动力是广大人民群众的需求，只有坚持以人民为中心，扎根于人民，开展各种贴近实际、贴近生活、贴近群众的文化教育活动，不断满足群众对美好生活的期望，才能得到群众的认可，才能具有强大凝聚力和不竭生命力，才能实现社区居民的文化自觉并最终走向文化自信。

3. 利用政策与资金

社区文化与社区教育属于社区的公共服务。政府在制度建设、资金投入、人才培养等方面处于主导地位，同时发挥着对先进文化的引领作用。社区文化与社区教育的融合发展要坚持“党委主导、政府引导”，用好政策、用活资金，推动社区制度建设、机构设置、基础设施建设、人才引进培养、学习共同体建设等。充分发挥人民群众的文化创造力，创造更多的优秀文化成果，营造良好

的社区文化氛围，提高居民综合素质和社区治理水平。

4. 培育文化人才

人才是社区文化与社区教育持续发展的核心，也是最活跃的生产要素，其素质和能力直接决定着社区文化的品质和社区教育的水平。社区文化与社区教育要想融合发展就必须发挥各类文化人才的作用，如挖掘民间艺人利用传统文化开展社区教育活动，培养更多的文化教育工作者以提高文化活动的质量，引进专业的文化管理人才，聘用高素质的文化管理干部，培育各类志愿者队伍，等等。以此引导居民参加社区文化教育活动，增强居民对社区文化的认同感，实现“学习型个人—学习型组织—学习型社区”的建设目标。

5. 建设文化阵地

文化阵地作为社区文化教育服务的出发点和落脚点，在社区文化与社区教育的融合发展中发挥着重要作用。一方面，文化阵地是开展社区活动的主要场所，为满足社区居民日益增长的文化教育需求提供了物质基础和内容条件。社区文化与社区教育的融合要以阅览室、文体室、培训室、党建活动室、舞台广场等为平台，开展丰富多样的活动来充实居民的业余生活，增强居民的认同感和归属感，培养良好的生活情趣和家园意识。另一方面，文化阵地作为连接社区居民文化需求与政府文化建设的桥梁，在宣传教育、服务引导、推进社区文化建设等方面发挥了重要作用。通过综合文化服务中心的打造，社区居民可以更好地享受公共文化服务，普及科学、道德、法律、政策等知识，培养社区意识与社区情感，共同参与社区建设。

6. 创建品牌特色

社区教育品牌指社区在提供终身学习服务的过程中逐步形成的具有示范引领作用、普遍推广价值和较强社会影响力的社区教育课程或活动。它既是社区教育形象的重要体现，也是构建学习型社会的重要载体，更是促进社会和谐的重要举措。社区教育品牌的创建源于长期实践经验的凝练，这一过程可以推进社区教育优质发展。社区教育品牌形成后又能够通过其影响力和渗透力吸引更多的居民参与其中，营造浓厚的学习氛围，进一步增强社区教育的本体功能和社会功能。

7. 先进文化引领

文化是一种需求，也是一种发展动力，经济发展与文化需求相辅相成、相互促进。先进文化是位于时代前列，能够鼓舞、引导、激发人的内在潜能，能够催人奋发、团结向上的文化，具有引领风尚、教育人民、服务社会、推动发展的作用。

现阶段，我国先进文化的灵魂和精髓就是社会主义核心价值观，它是当代中国精神的集中体现，凝结着全体人民共同的价值追求，在社区文化与社区教育的融合发展中发挥着重要引领作用。一方面，社区教育发展初期主要是自下而上的自发需求，必须要向以社会主义核心价值观为主要内容的自上而下的主动供给转变，才能提高思想道德素质，培养积极的人生观、价值观和健康向上的行为方式，实现社区教育的本体功能。另一方面，社区文化建设的核心是社会主义精神文明建设，必然要将社会主义核心价值观融入社区建设的各个方面，将其转化为居民的情感认同和行为习惯，在社区内树立良好的社会道德风尚，共同营造和谐美好的精神家园。

第六章　城市社区工作者管理

第一节　社区工作者管理概述

一、社区工作与社区工作者

（一）社区工作

社区工作是社会工作三大直接服务方法之一。与个案工作和小组工作相比，社区工作是较晚形成的一种社会工作方法。对社区工作作出准确的定义有助于我们理解社区工作者所从事的工作内容，以便更好对其所具备的素质进行分析。

对于社区工作，现有的文献给出了许多定义。其研究的侧重点主要有以下三个方面。

1. 社区工作是一个过程

社区工作是社会工作的一种方法和一个过程，社区工作者在这个过程中促使社区居民相互协作，通过运用适当的资源去实现居民自己选择的目标。

2. 社区工作是“受薪工作人员进行的工作”

社区工作是专门从事这项工作的人来做的专业性的工作。这个概念注重社区工作者的专业化和职业化，但是这种定义缩小了社区工作的范围，不易形成共识。

3. 社区工作是为了培养居民的参与意识和解决问题的能力

施蕾生在其论文中引用了香港政府社会福利署对社区工作的定义，即社区工作是为了促进社会关系，培养自我依赖、社会责任及社会凝聚的精神，鼓励社区居民参与解决社区问题并改善社区生活的素质。① 定义强调了居民自助的重要性。同时，我国香港学者莫泰基提出了社会工作的六大内容，如图 6-1 所示。②

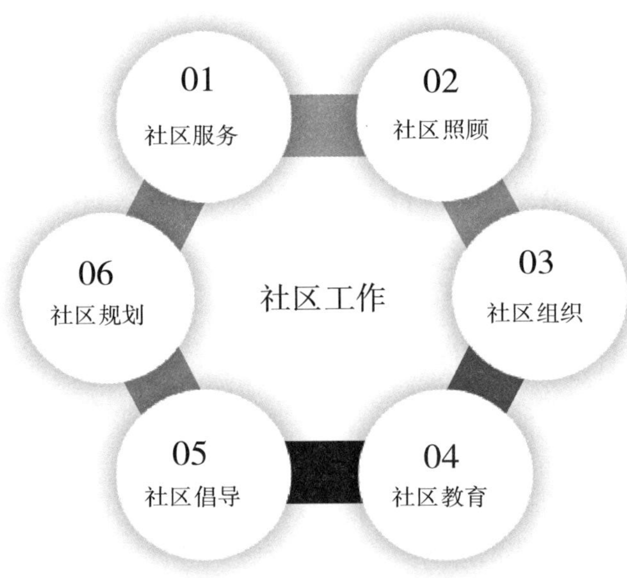

图 6-1 社区工作内容

综上所述，可以从以下几个方面去理解社区工作的概念：社区工作是一项

① 施蕾生．大力推进上海社区资源共享 [J]. 上海商业，2005（5）：24-27.

② 莫泰基．香港社区工作 [M]. 北京：中华书局， 1995：25-27.

有计划的行动，同时是社会工作的一种介入方法，它通过组织社区居民参与集体行动，鼓励居民互助、自助，提高居民的能力和生活质量。因此，笔者认为所谓社区工作就是运用专业知识，以社区和社区居民为工作对象，组织社区居民广泛参与，协调利用社区资源，预防和解决社区问题，提高社区的自治水平和管理水平，增进社区福利，促进社区的全面进步和发展。

（二）社区工作者

社区工作者这一概念是在我国社会转型时期出现的一个新名词。在国外主要采用 community social worker 或者 social worker 这一概念，即社区社会工作者或社会工作者。美国社会工作者协会将其定义为“毕业于社会工作学院，运用他们的知识和技巧为案主（包括个人、家庭、社区等）提供社会服务的人员”。这一概念强调了社区工作者的专业性和工作内容。

张康之和石国亮在研究社会工作者相关概念时借鉴了美国社会工作专家罗斯曼的观点，认为社区工作者扮演的角色主要是倡导者、协调者和教师，其主要作用是通过推动居民的参与和合作，合理利用资源。[①]社区工作者面对的工作对象是处于社区边缘的人群，他们没有社会资源，没有社会地位，得不到社会的关注。社区工作者往往是一个倡导者，发动居民关注所处社区存在的问题，通过分析研究，进而解决问题。鼓励居民团结起来，争取自身的权益，使得社区居民有归属感且可以相互合作。

国外学者对社区工作者的研究主要集中在社区工作者作为帮助社区内弱势群体的一种特定组织而存在，他们往往忽视了社区工作者的服务对象是全体社区的居民。

国内学者对于“社区工作者”的研究大致从以下三个方面进行分析。

以孙莹为代表的学者从社区工作者与社会工作者的角度来对社区工作者进行界定，认为社区工作者是指在社区工作的社会工作者，特指那些受雇于政府机构或非营利社会福利机构及设施（如社区中心）中，在社区中运用社区工作方法，组织社区居民，动员社区资源，解决社区问题，促进社区进步和发展的专业社会工作者。[②]

① 张康之，石国亮．国外社区治理自治与合作[M]．北京：中国言实出版社，2012：151.

② 孙莹．如何区分社会工作者与社区工作者[J]．中国社会导刊，2007（07X）：32-33.

以晋源军为代表的学者从专业化社区工作者和职业化社区工作者的角度来对社区工作者进行界定。所谓专业化，是指一个职业争取成为专业而持续不断努力的过程。[①]而职业化是指从其他社会领域中分离出来，成为一门有别于其他劳动、具有自身特色的独立领域。两者既有联系又有区别。通过对文献的分析可以发现，在社区操作过程中对专业化和职业化社区工作者的区分有利于针对不同职位的工作者以及从事不同工作的工作者进行专业素质的训练。

周文建、宁丰提出，社区工作者应包括专职人员、兼职人员和广大志愿者，这里所谓的兼职人员指的是在政府机构，如妇联、工会、文化、教育、卫生等部门工作的人员，他们也会经常参与到社区活动中去。[②]这一观点将社区工作者的范围扩大了。

通过对现有学者的各种不同理论的分析可以发现，这些理论在关于社区工作者的特征这一问题上是相同的，即工作的场所在社区，工作的方法主要是运用社区工作方法完成推动社区发展的任务，工作能力的专业化以工作效用的社会性以及工作机构的非营利性来衡量。因此，笔者认为，随着我国社区工作的不断发展和成熟，社区工作者队伍包括居委会成员和街道、社区工作站工作的专职工作者及广大志愿者，这支队伍在社区工作和社区管理工作中承担了重要的角色。具体如图 6-2 所示。[③]

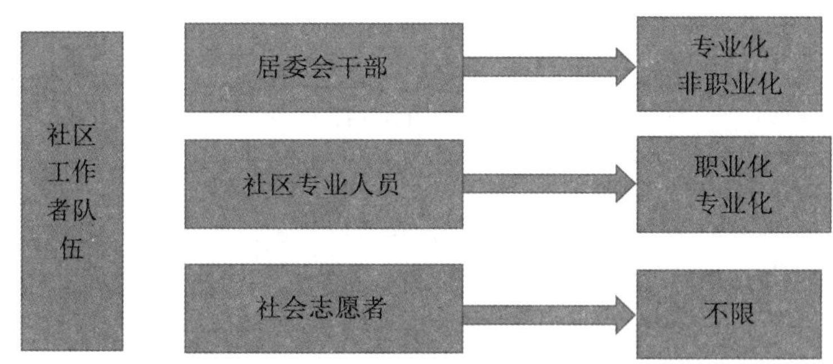

图 6-2　社区工作和社区管理工作组织图

---

① 晋源军．青少年社会工作专业化与职业化初探 [J]. 山西青年职业学院学报，2003（3）：14-15.

② 周文建，宁丰．城市社区建设概论 [M]. 北京：中国社会出版社，2001：59.

③ 毛瑞福，徐露辉，童素娟．社区社会工作发展战略与人才队伍建设研究 [M]. 杭州：浙江人民出版社，2008：25.

二、社区工作者的职责

随着我国社会管理体制的改革，我国对社区建设的研究不断深入，对社区工作的认识不断提高，逐渐明晰社区工作者的职责、范围、属性，对于社区工作和从业人员的管理也逐步加强。《社区工作者管理办法》将社区工作者按照工作性质分为三类：社区党组织、社区居民委员会和社区工作站的专职工作人员。

《社区工作者管理办法》规定社区工作者的基本职责主要体现在以下几个方面：教育和引导居民遵纪守法，履行义务；执行党组织和社区居民的决定，在处理本社区公共事务中维护居民的合法权益；整合本社区资源开展共建活动，带领居民开展精神文明创建活动，培育社会组织开展社区服务活动；做好居民的思想疏导工作；做好社会治安、公共卫生、社会保障、就业服务、帮扶救助等社会公共服务。

北京市《关于进一步推进社区规范化建设试点工作的实施方案》（以下简称《方案》）中对社区工作者职责又细分为社区党组织职责、社区居民委员会职责和社区工作站职责，并给予了相关界定，如表 6-1 所示。

表 6-1　北京地区社区工作者职责界定

社区工作者		
社区党组织职责	社区居委会职责	社区服务站职责
1. 加强宣传引导工作 2. 领导社区各类组织 3. 凝聚群众力量 4. 加强社区党建协调工作 5. 加强党员教育、管理和服务 6. 加强民主监督工作	1. 做好宣传动员教育引导工作，开展精神文明建设活动 2. 依法实行民主选举、民主决策、民主管理和民主监督 3. 维护社区居民的合法权益，营造和谐稳定的良好社区环境 4. 扶持和发展社区各方力量，积极推动社区的共驻共建 5. 协助政府做好相关工作，提高社区服务水平	1. 开展社区劳动就业、社会保障和社区事务管理工作 2. 参与社区治安维护工作 3. 提供社区法律援助 4. 协助开展社区健康管理与服务工作 5. 做好社区计划生育服务宣传工作 6. 配合开展社区教育和文化体育活动 7. 组织开展社区公益服务 8. 组织开展社区便民服务

三、社区工作者队伍的建设与管理

（一）充实人员数量，加强力量供给

对行政或事业编制之外符合法定劳动年龄的社区工作者，应实行总量管理，按照民政部门提出的有关规定标准，以区县为单位核定社区工作人员总量。同时，根据每个社区规模、人口密度、服务半径、居民构成、辖区单位数量等因素，在总量内统筹确定各社区具体人员数量，并组织配齐人员，确保社区工作者队伍稳定。

（二）加强入口管理，规范招录工作

近几年，我国多个地区相继出台了一些政策，为完善社区工作者的职业发展体系提供了依据。社区工作者的招聘需按照程序进行，将重点放在招录人员的岗前培训上，同时将薪酬管理制度落实到位，在党建引领下打造一支满足社会需求的社区工作者队伍。现阶段，部分社区工作者学历偏低，要想解决这一问题就必须提高社区工作者的招聘要求，在高学历人群中挑选乐于扎根基层工作的人才，充实社工队伍。除选任人员外，其他社区工作者应采取公开招考的办法录用。招录对象年龄一般应在 40 岁以下，并具有大专以上（应届毕业生应具有大学本科以上）学历，为打造一支年龄结构合理、综合素质高的社区工作者队伍奠定基础。县（市、区）制定的具体招录办法，应报上一级民政部门会同有关部门审查备案后，由县（市、区）民政部门牵头组织实施。

（三）提高工资待遇，完善薪酬体系

社区工作者在疫情防控、创城创卫等重要工作中始终坚守岗位、冲锋在前，提高社区工作者薪酬待遇这一务实举措，不仅是对广大基层干部辛勤工作的肯定，还是一种鼓励和鞭策。

依据社区工作者的工作时间、文化水平、岗位职责、职业技能水平等综合因素，应尽快建立符合社区工作人员行业特点的薪酬制度体系，而不是简单机械地参照公务员或事业单位工作人员薪资标准来兑现相关待遇。要充分考虑市场化因素，结合服务供给特点，采取更加灵活的方式和标准，确定社区工作者的薪酬待遇体系，在劳有所得的基础上，凸显优劳优酬的原则。对精准服务和满足社区居民多元化需求、高质量生活诉求的现实期许，各级政府在这方面的

探索和突破应尽快提上议事日程。想要将人才留在社区工作，除了要不断完善职位晋升制度外，还要制定科学的薪酬体系，鼓励人才在社区工作岗位上发挥出更大的作用。

（四）健全激励机制，提高职业荣誉感

要高度重视激励机制在吸引、稳定、壮大、优化社区工作者队伍方面的积极作用，切实将社区工作者的表彰奖励、示范引领纳入各级党委政府的激励体系，出台更加具有操作性的政策措施，让真正从事社区基层工作的各类人员及时获得组织认同、社会认可和广泛赞誉，切实把社会工作者的职业属性、职业荣誉感落到实处，有效激发社区工作者干事创业的积极性和主动性。

（五）拓宽发展渠道，健全职业化体系

每一个岗位都应该有晋升通道。对于表现优秀、实绩突出的社区工作者，应该要有更大的舞台让他们施展才华。当前，关于社区工作者的发展问题，各地都有一些优惠政策，提倡在社区工作中表现突出的工作人员能够长期扎根于基层，以解决社区遗留问题。部分年轻人把在社区工作当作职业发展中的一个过渡时期，他们认为在社区工作缺乏社会认同感，一旦找到更好的工作就会离开，这也导致了社区工作队伍存在不稳定因素、人员流动频繁等情况。因此，建议按照社区工作特性，要针对满足不同社区居民需求供给来界定社区工作者的职业属性、分类和岗位，分门别类地提供发展通道，完善社区工作者职业体系。

第二节　社区工作者素质开发与构建

一、社区工作者素质与素质开发

（一）社区工作者素质

对于素质的定义国外众多学者都曾进行过界定，但至今还没有一个标准的

定义和详细的阐述。Mcclelland 在其 1992 年发表的《工作中的胜任特征要求》一文中提出，素质是一个人或个体的基本特性，它与高效率和高效的工作业绩有着密切联系，并且可以测量。Spencer 在《工作素质：高绩效模型》一书中提出了著名的胜任素质冰山模型。在该模型中把素质定义为能将某一工作（或组织、文化）中表现优异者与表现平平者区分开来的个人潜在的深层次特征。Woodruff 认为，素质就是人们（在工作中）需要展示的行为模式的团组，而不是工作本身，是一种明显的，能使个体完成某项工作的行为。①

国内的学者对于素质也有很多的研究。彭剑峰、荆小娟认为，素质是指完成工作所需要的能力和基本知识，与胜任力和任职资格含义相同。② 肖鸣政等人提出，素质是指个体完成一定活动与任务所具备的基本条件和基本特点，是行为的基础与根本因素。③ 素质包括生理素质和心理素质两个方面。

在现有的研究中，学者对素质的研究可以总结为三个角度。第一种角度认为，素质是一种“后天性”行为，是在后天通过一系列的社会实践和社会影响而逐渐形成的。第二种角度认为，素质是“先天性”和“后天性”的结合，“先天”是基础，“后天”的发展更为重要。第三种角度认为，在素质自身所具备的先天性与后天性的基础上具有不同层次，人们与生俱来的自然特点与后天获得的一系列稳定的社会特点的有机结合就是素质。素质分为三类，即自然素质、社会素质及其介于生理素质与社会素质之间的心理素质。一个人的每一个行为（除去先天性的条件反射行为）表现，都是其相应的心理素质在环境中的特定表征。

笔者认为，素质就是一个人基本的职业品质，社区工作者的素质是在先天基础上，通过社区服务和社区工作而培养形成的社区工作者特有的职业品质。

本书中社区工作者的素质是指社区工作者在为居民服务的过程中为了满足服务对象外在的生存状态特点与内在的心理特征等要求而必须具备的专业知识、服务意识等特征，这些特征作为社区工作者的职业素质将提高社区工作者的服务质量从而提高居民的满意度。

---

① Woodruff C. Competence by any other name [J].Personnel management, 1991, 23(9): 30-33.

② 彭剑锋，荆小娟 . 员工素质模型设计 [M]. 北京：中国人民大学出版社，2003：63.

③ 肖鸣政，COOK M. 人员素质测评 [M]. 北京：高等教育出版社，2003：128.

（二）社区工作者素质开发

“开发”一词在《辞海》中被诠释为“用垦殖、开采等方法来充分利用荒地或天然资源”。即把过去没有使用过的自然资源作为对象进行改造，最终为人们所用。在人力资源理论中，“开发”是运用一定的方法、手段或途径使人的某些潜在的积极因素转化成现实的生产力从而产生期待的结果。上述谈到社区工作者素质是在先天禀赋的基础上，通过社会实践及其教育培养形成的，是提升社会工作者素质的有力途径。同时，作为一种职业，不断提升和发展从业人员素质的目的是促进从业人员更好地履行工作职责，从而促进从业人员的职业生涯发展。基于上述分析，笔者认为，社区工作者素质开发就是通过社会实践及其教育培养途径，实现社区工作者素质不断提升和发展，从而使社区工作者更好地履行职责，开展促进职业生涯发展的活动。

二、社区工作者素质结构构建

（一）社区工作者的职业道德要求

社区工作者是秉承助人自助的价值理念，倡导“以人为本”的服务理念为居民开展服务工作的。因而，对于每一位社区工作者在职业道德方面的要求都是相同的，即都需要具有高度的社会责任感、奉献精神和平民意识。平民意识的内在核心就是以人为中心的思想和价值体系。其基本价值准则就是以人为目的和以人为根本。①

（二）社区党组织工作者的知识结构和能力结构

社区党组织作为党在社区的基层组织，是党组织在基层执政能力的重要体现。社区党组织工作者是社区工作的领导者和政策制定者，需要具备扎实的理论功底和较强的工作能力，才能组织和领导好社区各项工作。

在实际工作中，社区党组织要组织召开社区党组织、社区居委会、社区服务站等代表参加的社区联席会议，讨论本社区建设、管理和服务中的重要问题和重大事项。同时，社区党组织要围绕本社区的中心工作，开展多种形式的宣

① 葛红兵．论人文精神的实质——兼及大学人文教育问题[J]．杭州师范学院学报（社会科学版），2003（1）：30-34.

传活动。这就要求社区工作者在知识结构上要掌握中国特色社会主义理论体系；在专业知识上要对当前社区建设的相关理论知识有较为深入的了解，特别是对社区建设基本理论、社会学和行政管理等学科知识有更多的了解。

在能力结构方面，由于从事党组织工作的社区工作者要组织和领导社区内各个部门工作，因此要具备良好的组织协调能力；而对于社区内各项事务的管理，特别是社区建设的重大事项，需要掌握科学的管理方法，具备一定的决策能力；社区党组织是社区工作的核心，要深入领会党和政府的政策方针，能够发现社区自身存在的问题并有效解决，所以要具备解决问题的能力；对于社区各项工作要有预见性，要具有敏锐的洞察力；在宣传工作中，要具有良好的文字和语言表达能力。

（三）社区居委会工作者的知识结构和能力结构

社区居委会是我国基层群众性自治组织，其工作重点是维护居民合法权益和社区共同利益，增强社区自治功能，实现政府管理与基层群众自治的良性互动。在实际工作中，社区工作者要依据《中华人民共和国组织法》来完善居委会的工作制度和工作程序，补选居民代表和居民小组长；召集社区居民会议，讨论决定本社区重要事项和涉及本社区居民重大利益的事项；组织居民有序开展民主监督和民主评议活动，参与对本市各级政府、街道办事处、社区服务站相关工作的民主监督和民主评议。

在知识结构上，从事社区居委会工作的社区工作者除了掌握中国特色社会主义理论体系外，还要对社区建设和社会工作的相关知识有更为深入的理解，并且能够运用到实际工作中。社区居委会工作者直接面对居民，遇到的问题也会多种多样，须掌握社会学、心理学、法律知识等。在能力结构上，社区居委会工作者要想在工作中做到“从群众中来，到群众中去”，就必须具备良好的组织协调能力、语言表达能力和开展群众工作的能力。

（四）社区服务站工作者的知识结构和能力结构

作为政府在社区设立的综合服务平台，社区服务站要将政府公共服务覆盖整个社区，开展各种形式的便民利民服务，满足居民生活需求。社区服务站工作者作为专业化的社会工作者，除了具备“两委”社区工作者的知识结构外，更多的素质要求体现在专业能力方面。

在实际工作中，社区工作者要开展失业人员动态管理和就业服务工作，协助做好就业困难人员、“零就业家庭”劳动力就业再就业援助工作。这就要求其对于我国目前的就业形势和社会保障等专业知识有深入的理解，在此基础上，才能够有针对性地开展工作。同时，社区工作者还要协助有关部门为社区低保对象、残疾人、离退休人员、失业人员、老年人、优抚对象、困难群众等群体提供政策咨询、社会救助等相关服务。这就要求社区工作者应当具有对政策的理解力和执行力，具有出色的群众工作能力和良好的语言表达能力。

第三节　社区工作者队伍发展

一、社区工作者队伍发展趋势

社区工作者队伍发展将会趋向于“四化”，即知识化、专业化、职业化和年轻化。

第一，社区工作者的知识化，指社区工作者的文化程度不断提高，本科及研究生学历比重加大。相关部门对想进入社区工作的人有一定的学历要求，社区工作者整体的综合素质大大提升。

第二，社区工作者的专业化，主要指社区工作者职业的专业化，即社区工作者是社会工作专业毕业的或者拥有社区工作相关证书的人，社区工作专业背景深厚。对社区提供服务的需求越来越向智能化、多样化发展，吸引具有专业知识和技能的人才加入社区工作队伍中是社区建设的内在需求，因此打造一支专业化、高素质的社区服务人才队伍势在必行、刻不容缓。本书以社会工作专业出身的和拥有证书的社会工作者比例来衡量社会工作者的专业化程度。

第三，社区工作者的职业化，指社区工作者职业身份会被明确，相对应的职业规范、岗位和职称、级别也会有一个科学的界定，在上岗、考核等各个阶段都会有一套完整的规范。社区工作将会被从业者作为终身事业而奋斗，而不是短期的职业过渡期或其他的选择。

第四，社区工作者的年轻化，《社会工作专业人才队伍建设中长期规划

（2011—2020年）》中将社会工作人才队伍年龄结构的优化作为主要目标之一，社区工作人员的平均年龄将会降低。这与前面的专业化、职业化和知识化相关联，更多大学毕业生投入社区建设之中，晋升机制的完善使基层工作者良性流动增加，社区工作者的平均年龄将会降低。但年轻化并不等于低龄化，要老、中、青三个年龄段合理搭配。《关于加强乡镇干部队伍建设的若干意见》规定，乡镇干部的年龄原则上不超过45周岁，基层社区工作者的年龄可以此作为一个参考。

此外，有学者预测中国社区工作者队伍会出现社会化的发展趋势，未来将会有大量的社区居民和社区志愿者参与到社区工作中来，组成专业社区工作者、社区志愿者义务服务和居民广泛参与的社区工作者队伍。

二、社区工作者队伍结构优化路径

（一）推进统一分类管理，为优化队伍结构打好基础

优化现有的社区工作者管理办法，为队伍结构优化创造良好环境，为社区工作者工作的职业化和专业化打好基础。随着我国社区工作的开展和社区服务体系的建设，目标群体日渐增多，工作性质越发多样，工作人员种类也越来越多，单纯地以管理居委会的形式管理社区工作者或者任由社区单独管理社区工作者均已不能满足我国现阶段社区发展的需求。为适应日益发展的社区工作现状，应该逐步完善统一分类管理，即在统一的管理平台下，对不同性质的社区工作者进行分类的专项管理。这样有利于我国社区管理工作的完善，更能适应我国城乡社区不同的工作环境，从而为明确的职责权限、合理的薪酬规划、完善的晋升渠道、有效的培训等打下基础，为全面优化社区工作者队伍结构创造良好的条件。

社区工作者的工作范畴主要包括社区居民区、街道单位和国家直属机关，社区工作者的工作或者与这三个组织相关，或者其自身就属于它们中的一个。对此应该建立统一的职业发展平台和管理平台，使社区工作者在一个统一的多元化平台中不断进步和发展。这样既可以促进社区工作人员横向的流动和过渡，又有利于各方面工作的衔接。另外，现在社区事务涉及的一般不止一方，综合管理、专业服务、行政辅助和技术辅助并存的多样化的社区事务频发，这种统一管理的平台有利于统一调度和合作，能够更快、更有效地解决社区问

题，第一时间为居民提供优质的服务，这也符合我国服务型政府的理念。同时，这种统一的管理平台，能够对社区、居委会和直属机关的成员做一个详细的梳理，一旦有事发生，可以第一时间知道是谁负责，哪个部门需要承担责任，保证责任制的落实，并且将聘用人员、事业单位人员和派遣人员进行统一管理，有利于机构的精简和完善，符合新一代的机构改革理念。

统一的管理平台下，为了更加全面和更加人性化地提供管理，还应建立分类的专项管理制度。依据社区工作者不同的工作性质，并结合我国公务员和事业单位工作人员的分类标准，可以将现阶段我国社区工作者分为五大类，即综合管理类、居民区服务类、专业技术类、行政辅助类和公共服务类。针对不同的职业要求和自身素质，建立五个不同的发展方向，这五个方向都是综合考虑了社区工作者的工作难易程度和工作重要性依次有序的分布，社区工作者按照自己的意愿和爱好选择不同的工作类别，再在自己选择的方向上不断向前发展，以满足自己的职业理想。如果说统一管理平台是方便管理者，那么分类管理则是为了社区工作者自身发展考虑，同一类别的社区工作者无论薪酬和待遇都是一样的，工作任务也差不多，消除了不公平感与身份的差别，在相同的岗位靠实力和努力向上发展，促进我国社区工作者队伍的更新换代，更能推动社区工作者的工作积极性和社区工作者队伍的规范化与标准化。

统一管理平台和分类专项管理，将进一步加强不同工作类别和不同岗位之间的沟通与交流，形成一条道路清晰且全面发展的社区工作者职业发展机制，为现有社区工作者综合职业技能的提升和发展前景提供条件，能够很好地吸引社区需要的高素质人才从事社区工作。社区工作者在自己喜爱的工作岗位上更能激发自己的职业热情，在优化社区工作者队伍的文化结构、经验结构和职称结构等的同时，能为社区居民提供更好的服务。统一管理平台下的分类管理，能够有效优化我国社区工作者队伍结构，不断为我国社区工作者队伍注入新鲜血液。

（二）建立合理的薪酬体系，有效吸引优秀人才进社区

有竞争力的薪酬待遇是激励人们从事社区工作的有效方法，完善我国社区工作者队伍的性别结构、职称结构和文化结构，也能对队伍结构其他方面的完善起到一定作用。例如，美国将社区工作者分为四个不同的等级，不同等级的社区工作者所享受的待遇不同，普通的社区工作者可以通过学习和实践取得证

书和向上晋升的机会，从而不断提高自己的薪酬。加拿大的一线社区工作者一般年薪约 35 000 加元，在政府机构工作的可达到 45 000 加元，且有一条明确的社区工作者发展通道，随着级别的提升薪资也会不断增加。我国香港将社区工作者分为三个大专业和九个小级别，分别对应不同的专业、学历、技能和工作时限，工资也因等级不同而各不相同。建立合理的薪酬体系，有效落实同工同酬和按劳分配，是提高人们从事社区工作的热情度、优化社区工作者队伍结构最直接和最有效的方法。

结合境内外社区工作者薪酬管理办法和经验可以看出，合理的薪酬体系，不仅考虑工作人员自身的能力、技术等级和工作绩效，还要考虑岗位的不同，不同岗位在社区工作中作用不同，岗位任务也不同。这样一方面可以实现优胜劣汰，增强社区工作者的竞争意识从而筛选出优秀的工作人员，另一方面可以保证社区工作者每提升一个技术等级，其薪酬水平也能够平稳、有效地过渡。由基本工资、工作年限工资、技能工资、绩效工资和岗位津贴五种工资类型组成的社区工作者薪酬体系，将不断激发社区工作者的工作热情，提高自身绩效能力和专业水平，还能使同工同酬变为可能。它使社区工作者的收入水平在社会上有一定的竞争力，从而提升社区工作的市场价值，职业的认知度和地位水平也随之提高。另外，这种随着职业技能等级而提高的薪酬体系，可以激励社区工作者不断向更高一级努力，从而大幅度提高我国社区工作者的专业水平。薪酬水平的提高，使社区工作不仅能在一定程度上留住组织内部人员，还能吸引一大批外部人员投入其中。那时社区工作是一份职业，还是一份实现自身价值的事业，更是一份可以保障物质生活、取得可观的薪资报酬的工作，还能吸引大批男性从事社区工作，可以很好地解决社区工作者队伍结构中性别比例不合理的问题。随着薪酬体系的日益完善，我国社区工作者的职业化和专业化水平也将不断提高，社区工作者的地位也会不断提高，社区工作者队伍结构的优化指日可待。

（三）明确职责权限，留住人才以优化经验结构

社区工作者职责不清是社区工作者队伍结构不合理的一大原因，对此应该明确职责权限，厘清社区与政府的关系，使社区工作者的工作有章可循、权责对等。这样可以在留住人才、完善经验结构的同时对社区工作者队伍结构的优化起到不可忽视的作用。

首先，应该明确社区工作者的职业身份，这是一种可以改变社区工作者自身、政府人员和社区居民观念的直接做法。要从源头上重新定位社区工作者的准入标准，提高社区工作者的素质。有了明确的职业定位，社区工作者也会在思想上对自己有一个准确的定位，然后按照这个标准去完善自己的工作，有利于社区工作队伍的职业化和专业化。

其次，明确社区相关组织和社区工作者的权利和义务，在有了统一的职业标准之后真正明确社区工作者的职责。对此，应该依照国家相关的政策和政府规章制度制定符合地方现状的法规和制度，明确社区与驻区单位、直属机关之间的关系，以及各自的责任，这样不同部门的社区工作者的责任和权力也就更加明晰了。社区工作者在自己的权责范围内开展工作，行使自己的权力和做好自己的服务工作，在需要的时候各部门联手，可以有效避免实际工作中的不和谐，各部门在工作中有法可依、有章可循、分工明确、责任到人，既能减轻社区工作者的负担，又能使社区建设朝着有序与协调健康方向发展，更有利于提高社区工作者的工作积极性。

最后，要理顺政府与社区之间的关系，这是社区工作者权责更加明晰、提升社区工作者工作地位的关键因素。要充分发挥政府管理与基层社区自治的作用，将政府的职能下移，把权力下放到社区中去，让社区工作者拥有相应的权力，做自己该做的事并承担相应的责任，从而能够更好地为居民服务。政府在权力下放的过程中应扮演好监督者和指导者的角色。除此之外，还要明确社区的自治组织身份，政府需要从行动上减轻社区的负担从而为社区工作者减负。政府应该尽量减少非社区工作范围内的行政事务，做好监督与指导，让社区工作者有足够的精力去了解居民和服务居民，在社区内部开展真正能够教育居民、服务居民和拉近居民关系的活动，政府定期再开展一些针对性的培训，从而让社区能够更好地在居民与政府之间发挥桥梁与纽带的作用。这样理顺政府与社区之间的关系，逐步建立起政社分离、权责明确，社区依法自治的现代化社会组织体系，为社区工作者创造和谐工作环境，推动社区服务更快更好的发展。

（四）完善考核晋升机制，创设社区工作者职业发展环境

对组织而言，完善考核晋升机制，不仅可以让员工努力工作来实现自己的职业理想，还能使组织内部形成一种良性的竞争氛围，有利于员工整体素质的

提高和组织绩效的提升，是完善社区工作者年龄结构和经验结构的有效措施。要建立完善的晋升机制，就要在统一管理平台下进行分类管理，对不同类别的工作者建立不同的晋升机制。在晋升之余，更重要的则是进行一系列的考核监管，来保证这些制度的实施。现有的部分社区或组织都有自己的一套规章制度，但因后期配套措施不够完善，导致其并没有顺利实施，影响组织的公信力和组织成员的工作积极性。

对于社区工作者的考核，除了定期的培训之外，更重要的是要推行社区居民的评议监督，尽可能地让居民参与到对社区工作者的民主评议中来，主要围绕社区工作者的工作效率、工作态度和对待居民的态度等，同时开展社区工作者的自我评述报告，将社区工作者的考核建立在组织考评、群众测评和工作者的自我评价的有机结合之上。社区以及上级相关部门，要本着公平、公正和公开的原则对待社区工作者的考核结果，以激励为主、惩罚为辅，平时考核与年终考核相结合，并将考核结果在社区内通报。这些工作主要由社区内部的党委会或者专门的考核小组来进行，上级政府在行使监督权的同时进行的考核也主要以此为依据，这种方式不仅加深了社区居民对社区工作者的了解，还加深了上级组织对其工作情况的了解，保证了社区工作者在工作过程中的责任心和务实感，为建设和谐社区贡献力量。

无论是社区工作者自身的发展，还是相应的晋升和考核机制的实施，都需要在一个和谐的优质环境中进行，这能让相应的措施达到事半功倍的效果。社区工作者在工作中要获得居民的认可和理解，然而现实中这也是最难做到的一点，所以为社区工作者的成长创造环境的首要条件就是社区和上级相关部门要充分发挥自身优势，运用新闻媒体或网络对社区工作进行宣传，让社会公众了解社区工作的实质，从多角度、全方位了解社区和社区工作者，并相应开展一些群众进社区的活动，加强彼此之间的互动和交流，社区也要多倾听社区工作者的心声，让他们从心里感受到组织的关怀。社区还需要建立自己的人才信息库，掌握社区人员更多、更全面的信息，掌握他们的技能和技巧信息，在需要的时候就近聘请这些人才从事社区工作，或者对社区工作者进行指导与培训，进一步拉近社区和居民的距离。社区工作者从单纯的服务人员的角色深化为社区的一分子，同时，社区居民也在生活中不自觉为社区工作服务，在社区这个大家庭里各尽所能、相亲相爱，为社区大家庭的建设奉献自己的力量。

（五）参与式培训与专业教育结合，全面提升社区工作者专业素质

参与式培训是一种培训、教学、调查研究和社区工作的方法，被国际社会尤其是国际社会的发展领域普遍倡导。参与式研究吸取了人类学、社会学、生态学、经济学、统计学等学科的一些研究手段，把这些学科中有关分析方法（如问题树、时间表、相关图、矩阵图等）单独提出来，作为纯技术性的工具供人们掌握，被培训者不需要了解学科基础理论和方法也能运用这些方法来解决工作中遇到的问题，在很大程度上减少了交流中的歧义和主观性，并使调查结论更接近客观事实。所谓参与式培训，就是培训组织和个人运用参与式理念和方法对参与培训的人员进行有组织的知识传递、技能传递、标准传递、信息传递、信念传递、管理训诫的行为。现在的社区工作除了要求社区工作者有过硬的专业知识外，还要有良好的团队协作能力和勇于面对各种压力的心理素质，参与式培训的出现和应用可以有效满足这种培训需求，在向社区工作者灌输相关知识的同时，更加重视能力的提高。培训之初，会对被培训者的需求进行一个系统的评估，在培训过程中有针对性地对其薄弱环节进行培训，并形成培训者与被培训者之间的良性互动。参与式培训要求被培训者全程参与培训活动，自由组成小组进行专题讨论，在各种实践参与过程中，被培训者巩固所学，并能了解和吸收。

例如，针对培训形式单一和培训内容滞后的问题，若采取参与式培训就可有效缓解这种现象。培训者进行调研和整理之后，找出现阶段社区工作者在工作中普遍遇到的难题，将这些难题作为典型案例，在进行少量必需的理论知识讲解后重点进行案例分析。在案例分析过程中先引导学员自主组成无领导讨论小组，运用头脑风暴法找出难以统一的解决方案，然后由培训者进行分析和评价，这样在对理论进行巩固的同时，能有效提升被培训者解决类似问题的能力，又因为这些案例都是社区工作者平时工作中的难题，这种方式又能有效吸引他们的注意力和调动他们参与培训的积极性，从而提高培训的效果。课堂培训之后就是实践，可以让被培训者进入非自己所属的且问题较多的社区了解社区居民的需求，帮助他们解决问题，培训者对被培训者选择解决问题的方案和总体的效率作出评价，这样更能做到对症下药，考验和提升了被培训者的应急能力和综合素质，也是对培训效果的一次初步检验和升华。

开设社会工作等相关专业的高校也不能只顾教学而不管其他。高校可以与社区签订相关的合作协议，社区接受专业学生进入社区实习，高校派遣专业教师到社区进行培训，要知道，有些高校的专业教师是该方面的专家，且深知教育培训之道。要推进社区工作，促进社会工作硕士专业学位教育与社会工作专业人才职业水平考试相衔接。高校用自己的专业资源与社区交换实践基地，良性合作还能促进资源共享，一旦签订用工合同，高校提高了学生就业率，社区也多了更多的专业人才，各取所得，同时获利。

第七章　城市社区志愿服务管理

第一节　社区志愿服务概述

一、社区志愿服务界定

社区志愿服务是当代志愿服务体系的有机组成部分，彰显着我国公民主体性与社会自主性的增强。关于社区志愿服务内涵的界定，民政部作出以下描述：由社会组织或者个人本着自愿、奉献的原则将自身的时间、技能、知识等无形资源，而非金钱、衣物等有形资源投入社区公益服务之中，满足社区居民的溢出服务需求。据此，可从三个方面阐释社区志愿服务的特征。

（一）地域性

在我国，社区主要指城市街道、居民委员会辖区。社区志愿服务则是志愿服务在社区这一特定地域范围内的具体实践。20 世纪 80 年代，伴随着单位体制弱化与城市化进程加快，社区作为新型人口聚居空间逐渐演化为志愿服务发展的主要阵地。依托社区自治优势与公共资源，志愿服务组织及个体可为社区居民提供直接、便利的志愿服务。

（二）公共性

社区志愿服务是社区服务的重要内容，其服务范畴为提供具有无偿性、福利性的准公共服务。社区志愿服务以服务社区为根本出发点，立足居民所需，致力于增强社区公益服务能力、构建和谐社区。凭借此特性，社区志愿服务与公共服务及商业性服务形成有机衔接，在政府职能空缺与市场失灵领域发挥着不可替代的作用。

（三）参与性

不同于其他类型志愿服务，社区志愿服务倡导居民的自我管理与自我服务，充分激发民众服务热情，号召民众在社区空间内传承志愿服务精神，践行志愿服务行为。高度参与的社区志愿服务有效增强了居民对社区的认同感与归属感，促进社区邻里关系重塑，营造互帮互助的社区氛围。

二、社区志愿服务的类型

在社区志愿服务的发展历程中，我国社区陆续开展了社会保障、公共管理、民生服务等多个领域内的志愿服务活动，涉及助老助残、社区治安、文明实践、交通出行、环境治理、宣传教育等主题。总体而言，按照志愿服务的内容可将社区志愿服务划分为文体娱乐类、救济关爱类、绿色环保类、专业技能类等。

（一）文体娱乐类志愿服务

随着社区居民生活水平的提高，居民对于精神文化的需求日渐强烈。志愿者在社区内部成立舞蹈队、合唱团，开设书法班、剪纸班等。依托社区群众活动中心，自发策划开展文体活动，为居民提供多元文体服务以及免费学习与交流平台，丰富社区居民闲暇生活，增强社区居民归属感与主人翁意识。

（二）救济关爱类志愿服务

自古以来，邻里互助是我国的优良传统。但在现代社会居住环境中，邻里关系则面临着前所未有的挑战。由此，社区志愿服务聚焦老年人、贫困户、残疾人以及青少年、妇女等弱势群体，以志愿形式动员社区居民为其提供精神慰藉与生活关怀或心理辅导，以及资源共享等力所能及的救济，从而解决弱势群体生活难题，增进邻里情感。

（三）绿色环保类志愿服务

文明素养是民众内在品质的表现，也是外在行为的牵引器。社区在政策引领下，以绿色环保为主题，开展垃圾分类、义务植树、公共场所禁烟控烟、“每周少开一天车，绿色出行我承诺”等志愿服务活动，对违法行为和不文明行为进行规劝引导，让文明理念深入人心，有效提升社区整体环境质量，推进生态社区、绿色社区建设。

（四）专业技能类志愿服务

社区志愿服务转型的关键在于扩大传统意义上的志愿服务形式，不局限于简便、业余的活动内容，以满足更深层次居民需求为变革方向。当前，在社区范围内由专业志愿者牵头成立了专业社区志愿服务团队，吸纳专业技能人才作为团队核心成员，定期开展安全防范、金融知识、医疗健康、法律援助以及艺术设计等服务活动，指导社区居民健康运动，美化社区生活环境，为居民宜居生活提供专业性保障。

第二节　社区志愿服务组织管理机制优化路径

一、加强社区志愿服务的组织管理

（一）志愿者的工作设计

志愿者参与社区服务时贡献出了自己的空闲时间，如果他们感觉到志愿服务无聊、不愉快、有损尊严，或有其他不满，就会利用空闲时间做其他的事情。此外，志愿服务不完全是牺牲奉献，参与志愿服务也不应该是过度投入，甚至影响个人的基本责任实现和家庭生活，这类为志愿服务而作出的牺牲是不应被鼓励的。因此，志愿服务管理的重要环节是充分考虑志愿者的需求，设计出令人满意而容易有成就感的工作，吸引并留住志愿者。积极引导社区志愿者参与一些力所能及的社区公益活动，比如社区帮困、青少年教育、环保护绿、法律援助、社区治安、医疗服务、文体宣传、家电维修、专业（技术）知识咨询等。

（二）志愿者的招募

开展社区志愿服务工作的基本原则之一是自愿参与，互利双赢。即不管是加入志愿者组织，还是参与志愿服务活动，都要尊重本人意愿，不搞强迫命令。志愿服务既要提倡无私奉献又要让志愿者的服务获得社会回报，做到尽力而为与量力而行相结合。在现代社会中，志愿服务不完全是慈善性质的活动，不能替代国家和政府的责任，也不应停留在道德情操的构建上；志愿者不应只是那些有理想、心地善良、有正义感、勇于牺牲奉献的人，志愿服务应更多体现出公民的社会责任。因此，可以从履行公民的社会责任角度重新认识志愿服务的价值，并在此基础上，运用海报、传单、大众传媒进行宣传，吸引潜在的志愿者、寻找合适的志愿者和鼓励他们积极参与社区服务工作，从而达到双方互惠的效果。

（三）志愿者的训练

志愿者与服务工作也涉及质量的问题，因此教育和训练是必要的。现在志愿服务需要秉持不仅要做还要做好的观念和态度，志愿服务的发送，也要强调优质、便捷。而在实际服务过程中志愿者会面临许多困难，如服务技术和能力不足导致的服务效果不明显，服务内容单调而产生倦怠，受服务对象生活困境的影响而产生情绪困扰，等等。因此，服务的正式工作人员需要定期和持续地与志愿者进行沟通和互动，传授相关知识和技术，促进其能力提高和自我成长。训练的内容大致以知识、态度和技能为主，形式上有服务前的训练和服务中的训练。前者主要介绍志愿者参与的服务方案、服务对象、服务程序，以及志愿者的工作职责及初级的服务技巧等，后者则是在服务中，通过观察和模仿学习服务知识和技巧。

（四）志愿者的督导

过去志愿服务多是从个人情感出发，表现为不定期的助人行为，强调爱心服务，并希望能做就应该获得肯定和支持。但是，好心办坏事也是志愿服务可能出现的困境，因此志愿服务除了强调扩大参与范围，更重要的是保障服务对象的权益不被侵害，这就需要志愿服务的组织者事先规划更有效的服务方案，从中创造、挖掘与提供志愿服务机会，只有在方案中准确评估志愿者岗位及职责，才能妥善运用好社会人力资源。通过制定人力资源服务的规划和运用原则，加强对志愿服务的督导。

（五）志愿者的维系

这一管理环节的核心问题是留住志愿者，而与其直接相关的是志愿者的动机因素。志愿服务是一群人追求公共利益的活动，他们本着志愿和选择而结成志愿团体。因此，就要尽可能赋予志愿者动机，使他们在从事公益服务的同时得到心理的满足。例如，对于希望获得工作经验的志愿者，要为其设计或安排使之能学习到希望所学技能的工作；对于喜欢结交新朋友的志愿者，要为其寻找需要合作的服务工作；对于满腔热忱希望为社会作贡献的志愿者，要为其安排能体现社会价值的服务工作。总之，志愿者在服务过程中感到愉快，就会继续从事志愿工作。

（六）志愿者的奖励

由于志愿服务是对社会负责态度的行动方式，志愿者不求金钱回报，因此他们往往有着较高的自主性和自发性，希望在参与服务过程中受到尊重、支持和个人价值的肯定，所以奖励（肯定）是志愿服务必不可少的环节。志愿者为社会所做的贡献应该得到社会认可和非物质回报，而这也是激励志愿者的有效方法。

二、完善激励机制，提高志愿服务的效益

由于当前的社区志愿服务很大程度上仍带有一定的行政推动色彩，而并非纯粹的志愿服务，故有必要采取一定的机制来评估和激励这些服务，进而促进社区志愿服务的有效组织与管理，使社区志愿服务创造更多的社会价值。

（一）志愿活动效益评价机制

由社区或志愿服务站对志愿服务活动进行分类，根据各项活动的难易程度、时间长短、投入大小，受益人（事）现状改变情况以及活动造成的社会影响，进行量化。为了能够客观地评估社区服务的性质和效率，有必要进行服务项目的成本核算。

（二）志愿者利益保障机制

尽管志愿者的志愿服务不以获得报酬为目的，但作为组织者，还需要全面考虑志愿者在参与过程中的一些需求，如个人成长、安全和福利等，包括为志愿者提供保险、误餐费、交通费等开支与基本的福利保障。目前，部分地区实行了一种志愿服务时间储蓄制度，如在苏州实行了积分制。社区将参与者参加公益活动的时间记录下来，建立个人的时间“储蓄卡”，使志愿服务活动成为“支出、积累、回报”的爱心储蓄，以吸引更多的人参与公益服务。这是社区志愿服务激励机制的创新。参与爱心储蓄者，日后需要他人帮助时，也可以从“储蓄卡”中支取自己应得的服务。

（三）受益者志愿服务补偿机制

当前，社会上有一些人，占用他人劳动和社会资源时理直气壮，要求给予社会回报时却避之唯恐不及，这种行为对推进社区志愿服务活动是一种极大的伤害。要建立社区志愿补偿制度，对享受社区志愿服务和其他政府、社会补助（如城市低保、社会捐赠）的居民登记造册，动员和组织其参加公益活动，并根据实际，规定其从事社区志愿服务的最低时间。对有能力却不服从安排的受益人，社区有权通过公开、曝光等手段进行制约。

第三节　社区志愿服务项目化管理

一、志愿服务项目化管理

（一）志愿服务项目化管理界定

志愿服务项目化管理包含志愿服务项目与项目管理两个要素，志愿服务项目是“在民政系统依法登记注册的志愿服务组织或已报备但尚未注册的小型志愿服务团队……而自发组织开展的具有一定周期的非营利性公益活动”。[①] 项目管理即在一定的条件约束下，由项目团队对项目目标及项目过程开展组织协调、评估控制等以追求高效率实现项目期望。因而，笔者认为，志愿服务项目化管理是基于项目管理的模式，将志愿服务活动看作独立的项目，以解决某种社会问题或需求为导向，通过与志愿服务利益相关群体合作，将各种知识、人力、资金等社会资源应用于志愿服务活动之中，并依托技术工具对其进行有效的计划、组织、领导与控制的时效性管理实践行为。志愿服务项目化管理并不完全涵盖项目管理的内容，而是更倾向于从宏观层面关注项目的系统管理，根据项目规模选取适宜要素作为管理对象，其基本过程包含以下几个步骤。

志愿服务项目开发：由志愿服务组织或个人对社会志愿服务需求进行识别与甄选，分析项目可行性，初步形成志愿服务项目框架。

志愿服务项目计划：设计实现项目目标所需的行动路线与技术工具，动态规划项目各阶段实施细节，引导项目执行。

志愿服务项目实施：组建工作团队，筹措服务资源，平衡项目质量、时间、成本之间的冲突，及时纠正偏差，确保项目各阶段按照计划进度执行。

志愿服务项目收尾：整理项目成果，评估项目绩效，总结项目经验与不

① 中国志愿服务发展研究会．中国志愿服务大辞典[M]. 北京：中国大百科全书出版社，2014：87.

足，为其他同类型项目工作开展提供建议支持。

（二）社区志愿服务项目化管理的功能

社区志愿服务的项目化管理是将项目管理理念运用于社区志愿服务的管理实践中，以志愿服务项目为基本单位，遵循立项、执行、结项等基本程序，推动社区志愿服务向规范化、专业化迈进。项目化管理作为一种科学的管理方法，与社区志愿服务的结合是基层社会治理的创新性探索，对于志愿服务及社区发展均具有重要意义。

1. 明确社区志愿服务方向

社区志愿服务以“奉献、友爱、互助、进步”的志愿服务精神为总引领，各项志愿服务活动的开展必须依照此原则满足社区地域内的群体利益。项目管理则强调目标导向，要求工作任务始终围绕项目目标。通过项目管理，志愿服务项目执行方能够明晰服务意图，履行服务职责，向社区受益群体传递志愿服务善意。

2. 整合社区志愿服务资源

在某种程度上，限定地域内不同社区所开展的志愿服务活动具有同质性。然而，由于各社区志愿力量参差不齐，同一志愿服务活动所产生的社会效益也有高低之分。将地域内各社区同类志愿服务活动以项目化的模式进行统一管理，搭建专业项目组织结构，能够有效发挥各自志愿服务优势，增强资源整合效应，最大限度释放社区志愿服务福利。

3. 推进社区志愿服务可持续发展

传统意义上的社区志愿服务活动具有临时性、短暂性、不确定性等特点，与新时代社区志愿服务常态化发展要求背离。社区志愿服务项目化的管理模式则规定了确定的项目服务期限与服务管理机制，要求对服务过程进行严格的风险控制、成本控制、质量控制等，奠定了社区志愿服务持续高品质发展的基础。

4. 提升社区志愿服务影响力

社区志愿服务项目化管理的核心理念在于主体参与，强调居民的主人翁意识，去除行政化倾向，从本质上提高社区民众内部凝聚力。成功的志愿服务项目管理是打造社区志愿服务品牌的原动力，通过志愿服务项目管理培育出一批典型项目，并在此基础上建立起社区志愿服务品牌效应，扩大志愿服务覆盖范围与知名度，集聚优势服务资源，在全国社区发挥示范作用。

（三）社区志愿服务项目化管理的类型

基于历史条件以及时代社会背景，我国社区志愿服务项目的组织与管理融合了行政力量、社会力量、自治力量，是社区志愿服务转型升级下的产物，也是现阶段保障社区志愿服务有序运作的必然选择。由此，社区志愿服务项目化管理类型大致分为行政动员式、外部嵌入式、社区内生式三种。

1. 行政动员式

社区志愿服务项目化的运作形式起步较晚，在发展前期多受到行政力量的影响，自上而下推动社区志愿服务项目的开展。其主要表现在两个方面。一是由政府发起志愿服务项目并向下传递志愿服务任务，社区依照行政要求动员志愿者配合完成。在此过程中，政府是志愿服务项目的直接管理者。二是政府采购志愿服务项目，即政府不直接参与志愿服务项目，而是通过政策性引导号召志愿组织承担社区志愿服务项目的组织与过程管理责任，并付诸实践行动。政府在其中则扮演支持者、监管者、验收者的角色。

2. 外部嵌入式

由相对独立于社区系统的社会力量在社区场域内组织开展志愿服务项目，自主完成项目整体运作与管理是外部嵌入式志愿服务项目化管理模式的核心要义。受社区志愿服务持续向好趋势的影响，越来越多的社会力量在社区内探寻志愿资源，扎根志愿服务工作。这种外部社会力量主要来源于社会组织孵化基地、志愿者协会等具有非营利性质的社会组织，共青团、妇联等具有半官方性质的群团组织，以及辖区企业等具有营利性质的市场组织。

3. 社区内生式

社区内生式志愿服务项目的组织管理是由社区居民自发组织、自我管理的民间行为，发端于文体娱乐、邻里互助等零散活动，经由长期磨合与社区支持固定为项目化形式。此类志愿服务项目规模较小，通常由活动发起者担任项目管理者，在管理规范上偏向基础性、灵活性，不拘泥于理论上的流程制度。

二、志愿服务管理效能

（一）志愿服务管理效能界定

效能在管理学意义上，是指在管理目标实现过程中所展现出的组织能力及所获得的管理效率、效果、效益的综合反映，是衡量管理系统整体性能的重要依据。作为一切管理工作的出发点与落脚点，效能的提高是管理的根基所在。志愿服务作为一种非营利性组织服务，同样具有效能要求。如何在有限的资源下，利用技术工具达到资源配置的最佳状态，实现高质量服务是当前我国志愿服务管理效能提升的关键。

在某种程度上，管理效能与效率、效益、效果之间存在递进关系，管理效率的提高推动管理效果的增强，而高效率的管理与良好的管理效果又能够刺激管理效益，从而获得高水平的管理效能。但效能与效率存在本质上的不同，效率是以正确的方式做事，而效能是做正确的事。效率侧重于一定数量的资源投入产出率，效能则强调从宏观层面提高组织完成特定任务目标与达到预期结果的程度。

（二）志愿服务效能表现维度

志愿服务效能建设是围绕理念、制度、团队以及绩效等诸多因素进行的综合性管理实践，以充分调动组织创造性、团队积极性，提升志愿服务质量与社会服务效益为主旨。具体表现在以下几个方面。

志愿服务目标。恰当的管理目标是志愿服务的立身之本，也是志愿服务效能提升的内核要求。一旦志愿服务的管理目标或理念出现偏差，违背了公益性、利他性的本质，即便获得了再高的成效也无济于事，只会造成更大的社会资源浪费。

志愿服务能力。组织作为志愿服务的供给方，是志愿服务的中坚力量，其管理能力水平直接关乎着志愿服务运转的流畅度。组织能力包括组织团队素质、组织制度完备性、管理技术手段及其他事务处理能力等，这些要素综合衡量了组织能否正确有效地处理服务过程中的各种问题与突发状况。

志愿服务绩效。绩效是对志愿服务所产生的效果与效益水平的概括。通过群众满意度、现状矫正度等绩效指标可在客观上表现志愿服务管理效能的高低。通过绩效数据的直观呈现，能够促使志愿服务管理者找准效能提升的方向与路径。

三、社区志愿服务项目化管理效能提升路径

（一）构建合作式项目化管理模式

1. 强化政府与社区居委会服务意识

在社区志愿服务管理中，若延续行政依附的形态，则难以避免志愿服务精神的断层。结合社区志愿服务项目化管理的需要，政府应增强服务者角色意识。一是政府凭借地位优势，在社区志愿服务中作为间接安排者应对志愿服务进行方向指引与必要协助，确立社会组织服务项目资源清单，为各社区提供点单式服务与精准化服务。二是积极履行政策支持责任，推进志愿服务项目化管理规范确立，尤其要把出台统一的管理制度以及资金供给程序的规定作为重点。

社区居委会作为基层群众性自治组织，是政府、居民、社会组织关系网络的集结点，在社区信息的收集与传递上极为灵敏。社区居委会应作为直接安排者，以居民代言人的身份，在社区志愿服务管理中不断深化“党建带团建促社建”，充分发挥枢纽型社会组织作用和体制内外资源整合优势，统筹协调需求、信息、资源的流转。以社区需求为导向，采用民主方式收集居民需求，将体制内的工作资源、社会组织的服务资源与社区居民的实际需求对接，为社会组织提供信息数据服务，从而形成一个个志愿服务项目。

2. 提升社区志愿组织服务能力

政府和社区居委会将社区志愿服务的“生产过程”让渡给社区志愿组织，以社会化机制运营志愿服务。志愿服务组织作为生产者介入，凭借其技术优势推动社区志愿服务项目化管理效能提升，这也正是志愿服务组织立命之根本。为此，志愿服务组织必须通过良好的内部治理结构，增强自我发展能力。一是加快组织建章立制工作的进度，细化管理标准，完善志愿服务项目立项、执行、评估、收尾标准与程序，规范有序开展志愿服务项目化管理工作。二是重视组织内部要素的造血功能，招募与组建高水平、高能力的项目工作团队，特别是在组织领导者的选择上，要注重知识经验、社会地位等领导特质。利用组织成员的人脉关系、影响力拓宽筹资渠道，去除行政依赖性。三是创新组织工作模式，建立内外联动机制，借助高校、研讨会等平台引入外部专业力量，畅通第三方机构的介入渠道，填补组织短板。积极探索国内外地区项目管理典型

案例，通过经验交流内化为组织更新动力。

3. 倡导社区成员志愿精神

在狭义上，社区志愿服务的接受者特指项目受助群体，但在广义上，居民、辖区企业等社区成员同样是社区志愿服务的接受者。社区成员通过积极参与，表达志愿服务偏好，提供志愿服务需求信息，明确志愿服务项目生产者的设计目标。立足于服务供给角度，社区成员也是潜在的志愿服务生产者，在志愿服务精神的驱动下自觉加入志愿服务的生产者行列，投入精力与时间，扩大社区志愿服务生产与输出范围。因而，壮大志愿者队伍，营造全民志愿的社会氛围必须要采取多元化的激励手段，从精神与物质双重维度为志愿者提供支持。例如，进一步扩大志愿服务时间银行激励模式的应用范围，扩充时间银行兑换、支付功能；将志愿服务纳入征信系统，给予其公共生活中的优先性；效仿企业团建，提高志愿者的服务认可度与忠诚度。

（二）提高志愿服务项目规划与开发专业度

1. 加强志愿服务项目整体性规划

志愿服务项目规划的第一步是研究并明确为什么要组织本次活动，即明确社区志愿服务的发展愿景与价值所在，这是志愿服务活动的立意所在，也是活动质量评估的依据所在。社区志愿服务项目化管理的终极目标在于以高质量志愿服务项目为载体，增强群众社会责任感和奉献意识，为打造共建共治共享的社会治理新格局贡献力量。

总体而言，志愿服务项目价值可以定位在以下几个方面：弥补政府与市场的不足，满足社会溢出需求；畅通公民参与社区治理的渠道；提升志愿服务组织的服务质量与能力；增强志愿服务的主动性与趣味性。

若要实现志愿服务项目目标，组织者需明晰目标的重要程度，探索完成目标的最佳手段。为此，必须经过管理层仔细筹谋策划，制订志愿服务项目计划书与实施方案。

根据志愿服务项目目标群体与覆盖范围，确定资源获取计划。对所需人力、物力、财力等资源数量、资源来源渠道以及资源使用作出合理规定。

将志愿服务利益相关团体纳入统一的管理计划，包括项目的组织结构，即项目活动的信息传达与沟通方式，以及项目管理者、志愿者、外部扶持者的角色定位与职责等。

制订志愿服务项目细分计划，对项目进度作出详尽安排，合理安排人员培训方案，以确保在规定时间内高效完成目标要求。

2. 精准定位志愿服务项目开发需求

志愿服务诉求表达与反馈机制是项目化管理的首要突破点，项目开发的关键在于需求的梳理与确定，由志愿服务组织通过识别社会需求与利益相关群体的期望，结合组织自身能力与资源现状，设计志愿服务项目内容，形成具有可行性的志愿服务项目策划书。志愿服务项目需求调研通常包括以下几个方面。

（1）受助群体的需求。收集社区潜在的可服务内容，特别是那些政府与市场无法解决的溢出需求，如空巢老人养老、残障儿童教育等。政府牵头建立志愿服务问题反映与答复机制，鼓励社区居民反映身边事以及对社区志愿服务建设的意见和建议。通过整理居民热点需求开发志愿服务项目，解决社会问题，维护居民利益。

（2）服务群体的需求。了解志愿者所期望参与的服务范围、服务形式，将其转化为志愿者个人成长机制内涵。为此，可由社区居委会、街道办事处等组织机构通过开展志愿服务项目大赛等方式，鼓励志愿服务组织提升志愿服务项目创新能力，开发更多适合基层社区的、新颖的志愿服务项目，激发志愿服务项目化运作活力。同时，政府要通过政策引导，促使更多专业经理人投入志愿服务项目开发工作中。

3. 建立志愿服务项目职责分工程序

根据管理实践，组织活动中职务、权力与责任是互为条件的。社区志愿服务项目中的志愿者分工应遵循职责明确、权责一致原则进行合理设计。具体可从以下几个方面着手。

依据志愿服务活动内容科学设置服务岗位，并以书面化的形式将岗位名称、岗位职责、岗位要求及其所需人数加以确定，以保证事事有定人，人人有定事。

依据个人专长与意愿合理分配岗位。为适应志愿者个人成长要求，将其分配至有意义及具有挑战性的工作岗位，以调动志愿者服务积极性。同时，授予志愿者决定权，可自主处理本岗位的突发状况，强化志愿者主人翁意识。

志愿者职责履行是建立在完备的人员培训基础上的，通过岗前培训能够促使志愿者快速掌握工作技能要求。为了保证志愿者培训的常态化，志愿服务项目经费应设立专项志愿者培育支出。在培训方式上，采取“分层和阶梯式”的培训模式；对于流动性强的项目，志愿者采取招募完一批培训一批的高效方式；对于稳定性高的项目志愿者可以定期对其开展基层培训、专业培训和组织者培训；对于精神、医疗、法律等专业性较强的项目，应聘请专业的培训师组织培训。启动“骨干志愿者培养计划”，为培养一批能够“传帮带”的骨干志愿者奠定坚实基础。

4. 规范志愿服务项目管理工具运用

与其他志愿服务活动不同，志愿服务项目具有一定生命周期，时间在几个月至几年不等。在变化的生存环境中，志愿服务项目存在的基础或目标也会随之发生改变，这就要求项目团队在项目规划阶段发展工具思维，借助管理工具调整志愿服务项目状态。一是创建志愿服务项目逻辑框架，以结构化的方式动态指导项目管理。志愿服务项目逻辑框架要明确项目目的与结果、项目投入与行动、项目影响因素、项目信息来源等问题。逻辑框架包含了整个项目周期的管理阶段，在实际操作中必须根据项目环境因素进行定期修正。二是以甘特图法绘制项目任务时间表，包括项目周期内的活动时间、活动内容、负责人、开始时间、完成时间等，以帮助管理者、监管者了解项目进度，并为阶段性项目评估与调整提供信息。

（三）推进志愿服务项目执行管理机制建设

1. 完善监督管理机制

志愿服务责任意指志愿者组织以及志愿者在志愿服务中所承担的社会责任，如果缺乏良好的责任控制机制，责任的谋求可能成为空谈，甚至导致志愿服务失灵。对此，以监督促责任，将监督控制机制纳入社区志愿服务活动全过程已是必然。一是应加强志愿准入监督，规范主管部门审批备案标准，严格把控志愿服务项目门槛，杜绝一切借助志愿服务名义谋取私利的项目。以规章制度明确不同规模、不同类型的志愿服务项目审批归属部门，尤其是加强草根性志愿服务项目的监管。二是建立项目信息公开制度，对项目信息公开原则、公开方式、公开范围作出详细说明。利用现代信息系统向全社会公开活动资金使用与考核评分等重要内容，将志愿服务置于透明的环境中，避免暗箱操作。三是构建内外多维度监督体系，开设违法行为举报通道。以志愿管理者、志愿者、受益者为内部监督主力，形成三者互相监督制衡机制。同时，发动普通群众成为活动执行阶段的外部监督力量，促使志愿服务活动纯洁性的实现。

2. 畅通沟通协调机制

沟通是多主体之间通过特定的渠道接收与传达信息、态度、观念的过程，这可以确保志愿服务活动涉及人员各自所需，提高合作效率。有效的沟通依赖于正式的沟通程序，志愿者协会应与政府形成合力，搭建体制内外沟通渠道，以制度安排落实纵向沟通、横向沟通、斜向沟通路径。第一，纵向沟通依照“社区成员—社区居委会—街道办事处”以及“志愿者—志愿组织—志愿者协会”逻辑设置。下行沟通可用于较高层次人员向下层传递志愿服务活动计划、要求。上行沟通可用于较低层次人员向上层表达志愿服务活动需求、建议。第二，横向沟通遵循平等、便利原则，强调同一层次人员之间的协调配合，旨在打破本位主义，促使志愿组织活动前期资源共享以及后期经验交流。第三，斜向沟通遵循及时、高效原则，针对不同系统、不同层次人员之间的直接沟通，以缩短沟通传递时间，提高跨部门协作的联动效力。此类型沟通渠道是前两种渠道的补充，可用于志愿服务项目特殊情况。

3. 健全风险管理机制

志愿服务的风险管理机制应是一种全过程管理的行为和主张，即对志愿服务活动过程中潜在的危险以系统的方式予以监控、确认、分析、处理。据此，志愿服务项目健全风险管理机制必须做到以下几个方面。首先，践行风险识别，找出志愿服务情境下可能存在的危险及其造成损失的程度，并制定风险等级评定标准。一般而言，志愿服务风险识别可从道德风险、运作风险、人身风险、经济风险、信用风险等方面去考虑。其次，制定风险预案，着眼于风险发生前的预防性工作。包括风险准备、风险应对计划，事前确定风险发生时的行动程序，如由谁负责指挥协调、由谁负责人员疏散撤离等。同时，在项目活动开始前进行风险预案的培训与演练，提高参与人员的风险防范意识。最后，以权变的思维建立动态化的风险管理。一方面，实时监测志愿服务过程是否存在不安全因素，一旦发现危险则立即采取恰当的风险管理行为；另一方面，要根据危险的实际状况，实时调整志愿服务危险应对策略，最大限度降低风险损失。

4. 优化资源整合机制

资源整合发端于企业战略调整，其核心理念在于善用合作手段获得利益共赢，增强服务能力。以企业为标杆，将资源整合要点引入社区志愿服务项目管理之中。一是整合顾客资源。在某种程度上，志愿者对于志愿服务而言是重要的顾客资产，由于其可依照个人意愿选择参与或不参与活动。为志愿者提供差别化的服务机会，与其建立长期的伙伴关系是顾客资源整合的有效途径。因此，打破“一类服务一个队”的固化模式，整合不同志愿服务团队的志愿者资源，建立志愿者共享机制，为志愿者提供岗位轮换的机会以增强其志愿参与的持续性，也为解决活动中志愿者资源不均衡的现状提供新思路。二是整合能力资源。能力资源包括志愿服务所需的实体资源，如活动场地、设备等；也包括志愿服务所需的技能资源，如活动负责人的组织能力、志愿者的知识能力等。以服务创新为刺激点推动能力资源整合是组织广泛采取的手段。对此，建议带头鼓励志愿服务创新活动，打造资源供给小站，以 3 ～ 5 个社区为单位，建立一体化资源使用与储备平台，整合社区现有资源，形成资源供给清单。同时，引导社会组织入驻资源小站，以提供专业化技能培训为主。

（四）深化志愿服务项目评估与结果管理

1. 加强志愿服务绩效评估管理

志愿服务绩效可表示通过志愿服务活动投入所得到的个人与集体收益，也可反映志愿服务组织及志愿者在志愿服务过程中的综合素质。绩效管理作用发挥的机制是，设定合理的志愿服务项目与志愿者个人绩效目标，通过有效的绩效评估与奖惩措施促使整体行为贴近目标方向。首先，应收集绩效信息，确立绩效目标。志愿服务项目必须通过比较以往绩效经验与现有绩效资源，阐明预期绩效并制订绩效管理计划与方法。其次，根据志愿服务目标成果设定可衡量、可实现的绩效评估指标。以服务时间、服务质量、服务态度、服务热情、服务能力评定志愿者个人绩效等级。以服务满意度、服务效果、管理者组织能力、志愿者成长性评估志愿服务活动绩效。可见，绩效是志愿服务评定优秀志愿者、优秀志愿服务等的重要数据来源。最后，持续监测志愿服务活动绩效，增强绩效追踪意识。做到“一事一评”，及时对单次志愿服务活动绩效与个人绩效作出评估，并形成完整的绩效报告，为绩效改进提供建议与支持。

2. 提高志愿服务项目成果转化率

志愿服务项目成果转化是“服务产出效益最大化”的必然要求，也是推动社区志愿服务长效运行、可持续发展的应有之义。为此，成果转化意识要在项目团队内形成广泛共识。一是建立志愿服务项目成果共享机制，尽可能扩大志愿服务项目成果覆盖范围，促使更多项目团体能够从中获得经验。实现志愿服务项目成果的共享是一项长期任务，要将其融入志愿服务项目计划中，保证项目团队的每个人都能对志愿服务项目的可复制、可推广作出承诺。二是注重志愿文化产品的创新，增强志愿服务项目的文化底蕴。文化是项目的内在价值，展现着活动的独特魅力，在增强团队凝聚力、项目辨识度中发挥着重要作用。借鉴一些大型志愿服务项目文化建设经验，结合志愿服务项目内容，提出具有项目特色的志愿服务文化理念。

3. 扩大志愿服务项目宣传辐射力

宣传作为一种强有力的动员手段，是应对志愿服务社会关注度不足、公众认知度不高的一剂良药。志愿服务项目社会形象的树立以及志愿者参与积极性的高低均有赖于一个高效率、高水平的宣传工作体系。为此，志愿服务项目宣传需要做到以下几个方面。

一是及时在官方渠道或具有社会影响力的平台发布志愿服务项目信息，尽可能在更广范围内提高公众对活动的知晓度，营造“人人可为，时时可为”的志愿服务开放氛围。

二是利用社区平台对活动志愿者进行宣传报道，展示优秀志愿者工作风采，增强志愿参与带动效应。在志愿服务过程中，志愿者以自身行动向社会传播“奉献、有爱、互助、进步”的志愿精神，为促进社会文明起到表率作用，唤醒公众对志愿服务的重视，激发公众内心深处的美好品质。

三是与媒体形成常态化合作机制，充分利用媒体资源的影响力、引导力，向社会宣传和传达活动精神内涵。通过收集以往活动素材、建立素材库、制作活动宣传短片等方式不断为媒体平台提供宣传内容，提高志愿服务活动的支持率与参与率。

第八章　城市社区管理发展之智慧化

随着现代信息技术和科学技术的飞速发展，互联网时代下的大数据、云计算、云平台等概念应运而生。智慧这一概念在注入城市建设的过程中，解决了城市发展过程中诸如人口膨胀、交通拥堵、环境恶化、资源短缺等一系列问题。智慧社区的建设引领基层建设的实施，对提升公共服务、促进社会治理现代化有着重要的借鉴意义。

第一节　城市社区管理新方向：智慧社区

一、智慧社区的基本定义

城市是人类文明发展的产物，社区是其最基本的组成部分。社区作为城市居民生存和发展的载体，其智慧化是城市智慧水平的集中体现。智慧社区是社区管理的一种新理念，是新形势下社会管理创新的一种新模式。智慧社区是指充分利用物联网、云计算、移动互联网等新一代信息技术的集成应用，为社区居民提供一个安全、舒适、便利的现代化、智慧化生活环境，从而形成基于信息化、智能化社会管理与服务的一种新的管理形态的社区。智慧社区的发展是一个持续的过程，从 20 世纪 80 年代末开始，经过了智能化、数字化、智慧化几个阶段，产品与技术从非可视楼宇对讲开始逐步向网络化、信息化、可视化、社区服务化方向发展，服务范围从楼宇、家居扩展到周边商圈。智慧社区从功能上讲，是以社区居民为服务核心，为居民提供安全、高效、便捷的智慧化服务，全面满足居民的生存和发展需要。

2014 年 5 月，湖北省住房和城乡建设厅颁布了《智慧社区建设指南》。其中明确智慧社区是通过综合运用现代科学技术，整合区域人、地、物、情、事、组织和房屋等信息，统筹公共管理、公共服务和商业服务等资源；以智慧社区综合信息服务平台为支撑，依托适度领先的基础设施建设，提升社区治理和小区管理现代化，促进公共服务和便民利民服务智能化的一种社区管理和服务的创新模式；也是实现新型城镇化发展目标和社区服务体系建设目标的重要举措之一。

从实现智能生活角度看，智慧社区是指借助物联网、移动互联网、云计算、数据挖掘等新一代信息技术，充分整合及利用资源，形成高效协同、敏捷的电子政务及电子商务的运行模式，通过现代物业管理、智能家居、智能楼宇、水电气自动抄表、食品安全溯源推送、社区医疗、社区住家养老保健、智能交通、环境监控、安防监控、电子投票、邻里互动、社区文化及教育、新媒体推送、电子商务、电子支付等服务，以社区群众的幸福感为出发点，构建一个以人为本的智慧民生服务系统。

从社会治理、信息化、智慧城市角度看，智慧社区是指充分借助物联网、云计算等技术，以满足社区居民和社区管理需求为导向，整合社区各要素资源，实现社区内部、社区与城市之间各类信息的共享与业务协同，完善社区基础设施建设，优化生产方式、生活方式、生活环境，构建一个便捷、舒适、智能、绿色、可持续发展的社区新模式。

从服务角度看，智慧社区是指依托各种传感与通信终端设备感知信息，利用有线与无线通信网络传输信息，运用智能化处理平台挖掘整合信息，并有效引入城市智慧应用系统，实现社区管理精细化、服务人文化、运行低碳化，为居民提供便捷、舒适、环保的生活空间的综合系统。

从管理角度看，智慧社区是指充分借助互联网、物联网、传感网等网络通信技术，对住宅楼宇、家居、医疗、社区服务等进行智能化的构建，从而形成基于大规模信息智能处理的一种新的管理形态社区。

二、智慧社区的表现形式

智慧社区以社区为载体，以社区居民为服务对象，以提高居民幸福感为目的，通过建立智能综合服务平台，以实现社区智慧管理、智慧服务的一种新型社区管理模式。服务和管理主要包括公共服务、便民服务、社会治理和物业管理等，涉及电子政务、物业、互联网企业、运营商、第三方汇聚服务实体等多个方面。

三、智慧社区的主要特征

（一）智慧化

究其根源，智慧社区是指充分借助互联网、物联网技术为社区内居民提供一个安全、舒适、便利的现代生活环境。由此可见，其中最重要的一个特征就是智能化。将社区内的资源通过科技手段实现整合，改变传统的有事就要亲自去社区的局面，取而代之的是足不出户，通过网络信息平台就能享受到社区提供的便民服务。例如，建立网上预约咨询系统，帮助行动不便的居民实现在家参与社区治理的目的。

（二）共享化

智慧社区提出伊始是为了迎合发展迅速的现代化社会。而现代社会发展中很关键的一个环节就是资源的共享程度。从某种程度看，是将固态化的信息熔铸，变成多方互通有无的资讯，在智慧社区视角下，鼓励团队合作，而不再是过去封闭储存信息。只有保持信息及时沟通和共享，才能够避免资源浪费。通过互联网、物联网，让信息在各方之间流通，在同一个平台过滤重复信息、提炼有效信息，最终实现高效便捷的智慧服务。

（三）人文化

智慧社区的理念是“智”，而其灵魂则在“慧”。之所以要利用新技术来搭建平台，实现所谓的共享资源，其根本目的是实现社区治理目标。用智慧的手段从物业管理水平、电子商务服务、智慧养老服务等角度，满足居民更高层次的物质需求与精神文化需求。例如，社区内物业管理中的门禁系统，就是智慧社区建设的成果体现。其存在的意义就是加强辖区内的治安管理工作，降低违法犯罪率。类似的服务平台还有很多，无不折射出智慧社区人文化的关怀。

（四）能动化

过去的社区多数是居民发现问题后来街道进行反映，然后由社区管理者来处理问题。这样被动式的管理让双方在很多问题处理过程中经常发生矛盾。而通过智慧社区治理手段，利用信息的共享，使得很多问题能够在第一时间被发现，很多时候社区工作人员只需通过信息技术便能够获知社区内存在的问题，如此一来，在居民反映问题前就能够及时采取相应的处理措施，极大地缩短了问题处理的时间。杭州市推出的“智慧居家养老服务双系统”就是主动式服务的典型案例，利用互联网技术和移动终端设备，加之视频监控，老年人行动不便遇到危险时在家中就能够实现一键式报警。

（五）高效化

传统社区管理中经常会出现同一个问题涉及多个部门的情况，耗费了多方人力、物力资源，而问题还未能得到有效解决，办事效率不高。而在智慧社区发展理念中，这一问题就能够得到有效解决。所有的信息都会上传到平台，通过筛选、协调、择优，在短时间内选择更为适合的部门去解决问题，这就是智慧社区运行高效化的具体体现。

（六）简约化

智慧社区发展理念强调的资源共享原则，使社区的建设与发展更具备简约化的特点。多种资讯的汇集让交流变得简单易行，也让社区建设在遇到难题时可以通过多种途径来处理。而信息资源是可以储存的，同样也是可以反复利用的。智慧社区通过将信息进行整合，方便以后开展类似的社区治理工作。

四、智慧社区的服务功能

智慧社区充分借助物联网和传感器技术，通过物联化和互联化将人、物、网络互联互通，形成现代化、网络化和信息化的全新社区形态，涉及智慧政务、智慧物业管理、智慧商务、智慧医疗、智慧家居、智慧交通、智慧民生和数字生活等诸多领域。这种新型的社区形态将是未来城市发展的主要方向，对未来产业发展和社会管理模式带来颠覆性的影响。

（一）智慧政务

电子政务广义上是指各级各类国家机关以良政为目标，应用电子信息通信技术进行的各种政务活动与行为的总称。狭义上往往特指政府机构为改进公共行政管理和社会服务，利用电子信息通信技术尤其是基于互联网实现的政务活动与行为。而智慧政务则是指利用物联网、云计算、移动互联网、人工智能、数据挖掘、知识管理等技术，提高政府办公、监管、服务、决策的智能化水平，形成高效、敏捷、便民的新型政府服务模式。作为政府机关，借助信息手段，对部门、科室、社区业务进行科学分类、梳理、规范、创新，构建一套集社区管理以及民意采集于一体的“一站式”服务管理模式。智慧政务是电子政务的提升。电子政务以互联网为主要实现手段，基于“点对点”的服务，各部门之间很难形成协同办公模式。物联网、云计算等技术的应用使得各项政务工作变得越来越智慧，一站式服务系统规范了社区办理包括民政、计生、社保、残联、流管、文教六大类事项中对应的业务标准，采用座席系统，实行前后台综合柜员办理的服务系统，为居民提供便捷通道，使他们了解办理事务的流程，尽可能通过网络足不出户完成需办事务。同时，智慧政务也将作为社区政府对外宣传的一大媒介，报道新闻和社会热点问题；对国家的方针政策进行解读，使居民对国家政策有更深入的了解。

（二）智慧物业管理

物业管理在整个智慧小区中处于重中之重的地位，也是物业连接用户的核心枢纽。针对智慧化社区的特点，集成物业管理的相关系统，如停车场管理、闭路监控管理、智能门禁系统、智能消费（水费、电费、煤气费、物业费、停车费等的在线缴纳）、水电气暖设备的管理与维护、电梯管理、园林维护、保安巡逻、远程抄表、自动喷淋、保洁、垃圾处理、健身设施等相关社区物业的智能化管理，实现社区各独立应用子系统的融合，进行集中运营管理。

以停车场管理为例，随着私家车的增多，几乎所有的小区都存在着停车压力。通过物联网技术手段，建设智能停车引导系统，实现了社区内停车场资源共享，在停车场出入口安装电子计数设备，并在停车场附近安装电子引导显示牌，司机可以通过网站或手机查询停车场状况，引导司机快速找到车位。

建设智慧社区物业管理平台，既可提高现代物业管理水平，又可提供新的服务模式，适应现代城市和现代产业的发展需求，形成智力型服务和公共服务的新服务业态。

（三）智慧商务

电子商务是企业、家庭、个人、政府以及其他公共或私人机构之间通过以计算机为媒介的网络进行的产品或服务的买卖活动。买卖的产品或服务是通过网络进行的，至于付款和产品或服务的最终递送则既可以在线上完成，也可以在线下完成。智慧商务不是单纯的电子商务，而是不仅包括了电子商务，还涵盖了传统商业运营的所有商务模式，即帮助企业在社交网络、移动设备和在线购买时能够有效地开展市场营销、销售产品并提高客户忠诚度。智慧商务以服务企业为主旨，以客户为中心，保持与辖区企业、商家之间便捷、高效的联系，畅通沟通渠道，服务辖区企业发展，将销售、营销、运营、供应链完全打通和整合，获得前台及后台系统的大变革。因此，应该整合社区便民服务资源，通过建立社区电子商务系统，并负责组织加盟商进行运营，让更多居民享受到便利和优惠。电子商务系统主要服务于社区内的居民与企业，提高居民与社区内企业的黏合度，内容可分为社区商讯、社区商城、商家推广、商户资讯、社区论坛等。将便民餐馆、汽车保养店、洗衣店、药店、照相馆、美发店、便民修鞋修车点等不同服务行业和不同服务类别的社区商业网点，家政服务、家电维修、餐饮、购物等服务资源信息及网上预约服务面向所有社区居民开放，居民足不出户，便可在 5 分钟内享受企业上门服务。

例如，为了方便居民缴纳各种费用，节省排队时间，社区可以与银行合作，共同推出社区服务一卡通。居民持卡可在社区服务站的自助设备缴纳水、电、燃气、电话等公共服务费用，并同时享受商家的打折服务。

智慧社区中的智慧商务应该是商家与社区居民互利共赢的一种模式。由于社区商圈半径小、距离短，商家可以在短时间内完成商品配送，既增加了商家的利润，又方便了居民的生活。

（四）智慧医疗

社区智慧医疗是一项切实惠及民生的举措。民生是党和政府工作的根本出发点和落脚点。智慧社区建设归根到底是要提高政府社会管理和公共服务的水平，社区里生活着一些需要特别帮助的家庭，如低保家庭、低收入住房申请家庭、空巢老人家庭等，如何更好地为这一群体服务，是智慧社区亟待解决的问题。

2021 年我国人口统计数据显示，60 岁及以上人口 26 736 万人，占全国人口的 18.9%，且这一数值还在不断增长。面对日益增长的高质量养老服务需求，智慧社区可以通过高科技的网络信息平台，创建“虚拟养老院”，为每位老人配备手持终端服务器，只需要触动终端按钮，就能与服务中心相连，享受医疗、家政等多项居家养老服务。即使老人无法言语，服务中心人员也能通过预先存储的资料，判断老人的情况，并与医院急救中心、社区或者派出所等取得联系，使老人及时得到救助，降低独居和空巢老人的意外风险。虚拟养老院既从功能上实现了养老服务的多样化，又为老年人营造了舒适的居住环境。这种人性化的服务，让老年人的情感得到了充分的满足。

智慧医疗利用先进的物联网技术，通过打造健康档案区域医疗信息平台，实现患者与医务人员、医疗机构、医疗设备之间的互动，逐步达到信息化和各类在线、远程便民医疗服务，促进医疗、医药与医保联动，实现区域内医疗资源及信息的共享共用。

（五）智慧家居

智慧家居是以住宅为平台，兼备建筑、网络通信、信息家电、设备自动化，集系统、结构、服务、管理为一体的高效、舒适、安全、便利、环保的居住环境。与普通家居相比，智慧家居不仅具有传统的居住功能，能提供舒适安全、高品位且宜人的家庭生活空间，还由原来的被动静止结构转变为具有能动智慧的工具，提供全方位的信息交换功能，使家庭与外部保持信息交流畅通，优化人们的生活方式，帮助人们合理安排时间，增强家居生活的安全性，甚至可节约各种能源费用。

智慧家居系统致力于为用户营造一个更安全、灵活、简便、时尚的数字化家居空间，带来全新的、高品位的、智能的生活体验。其主要功能可归纳为以下几个方面。

智慧家居系统基于传输控制协议 / 网际协议，以家庭智能网关为控制核心，将对讲、家电、照明、安保、娱乐等设备通过网络集成于一体，实现可视对讲、实时监视控制、灯光控制、电动窗帘控制、智能插座控制、红外电器控制、远程电脑控制、电话控制、门禁控制、安防报警、信息发布、背景音乐及多媒体娱乐等强大功能，综合布线简单，可有效降低成本。

智慧家居系统采用红外无线遥控、无线分组交换技术，引入人性化理念，赋予用户更多更智能的操控方式，外观设计典雅、精致、大方。实时监控楼梯口、门口状况，保护房屋周界安全。

智慧家居系统拥有远程监视功能，确保时时获悉家中状况，并可监视小区其他活动区域。一键布防，守护全家。创新的防区智能化算法，有效减少误报。提供多防区的安防报警方案，允许用户根据自身需要连接红外、烟感、紧急按钮、门磁、窗磁等设备。提供警笛、简讯、电话、管理中心呼叫等多种报警输出方式，报警记录自动生成，方便查看。

智在生活，随心而控。智慧家居系统带有实际状态反馈的家电控制技术，通过家庭控制终端或远程式控制网页，可以真实反馈当前家电的工作状态。

智慧家居系统拥有人性化的图形用户界面设计、独特的图形化报警与家电控制用户界面设计，支持多层户型图，支持多种控制操作界面，所有控制状态闭环反馈，确保控制指令有效执行。

场景幻化，随心而动。智慧家居系统允许设置多处场景模式，在每一个场景模式中均包含了连接到系统的各个灯光家电设备，用户可调节不同的亮度状态并将状态组合，即成为一个场景模式。用户可以通过触摸屏、遥控器、电话远程控制等方式自由切换场景。

五、智慧社区的建设意义

（一）智慧社区建设是社区治理环境变迁的必然要求

经济社会的飞速发展和技术的不断革新改变了人们的思想观念，“互联网 +”和大数据时代的到来更是改变了人们的生活方式。与此同时，整个社区治理环境也发生了明显的变迁，传统的社区治理模式不再适应知识经济的发展。社区治理环境的变迁对社区管理手段、管理方式、管理能力都提出了更高的要求。因此，以信息共享、资源整合、专业服务、快捷便利为特征的智慧社区突显出更多优势，智慧社区成为现代化居民的不二选择。应用智慧社区的建设成果，居民可以足不出户，通过电视进行交通、教育、卫生等信息查询和其他智能服务。通过量身定制适合社区居民特点的信息服务产品，让居民利用电视实现“足不出户，一按就灵”的现代化生活。社区居民通过智慧社区平台可以查询煤气、水、电、电话等账单和使用情况，办理各种费用代缴业务，还可以随时了解社区各类党务、政务信息和社区新闻、政策动态，充分感受信息化、数字化的生活。因此，随着经济社会快速发展，智慧社区建设成为应对社区治理环境变迁、提高居民智能化生活水平的必然要求。

（二）智慧社区建设能推动供给侧改革，实现社区公共服务的精准化供给

供给侧结构性改革是从提高供给质量出发，用改革的办法推进结构调整，矫正要素配置扭曲，扩大有效供给，提高供给结构对需求变化的适应性和灵活性。在社区公共服务供给过程中，有的服务或资源存在供给过剩的问题，有的服务或资源存在供给不足的问题，除此之外，公共服务的供给也存在结构性问题。不同年龄段、不同文化层次的社区居民存在着互不相同的服务需求，所带来的结果往往是，社区供给的服务或资源与目标人群不能有效地对应，导致了社区服务满意度不高、社区活动居民参与度低等问题。智慧社区通过互联网、大数据分析等新型技术手段，实现信息共享、信息链接，并且在此基础上进一步进行信息筛选、分类和整合，从而提供精准化的服务或活动，使社区公共服务的供给真正实现有的放矢。这样不仅避免了供给过剩带来的资源浪费，还能够有效协调供给结构性失衡带来的供需矛盾，切实满足不同层次居民的多样化需求，大大提高了居民对社区公共服务和产品供给的满意度。以供给侧改革为抓手，充分利用互联网、大数据分析等信息技术，能够有效调整社区公共服务供给缺位、错位等结构失衡问题，进而实现公共服务的精准化供给，满足居民多样化需求，也提高了社区居民的参与度。

（三）智慧社区建设是实现社区治理协同联动的技术支撑

传统的社区治理条线分明、各自为政，社区与社区、社区与政府、社区与

居民不能够实现信息互通和共享，造成了效率不高、信息分割、资源浪费等问题。社区治理需要协同作战，政府、社区和居民协同联动和广泛参与。智慧社区应建设立足于信息共享，将海量的信息进行筛选、分类、整合成信息库或信息系统，通过各种信息平台将社区、政府、居民各条各线连接起来，形成信息网格，实现网格化管理。依托智慧社区的建设成果，构建网格化管理平台，将网格内不同社区的“人、地、物、事、组织”信息进行统一收集和动态维护，实现社区资源网格化，打破了不同社区之间的信息壁垒，为及时、高效、精准的信息传递提供了可能。以现在的资源共享取代原来的各自为政，不仅提高了信息传输的效率和准确性，还加强了不同部门之间的协同联动。将信息平台网格化与智慧社区结合起来，能够有效解决资源浪费和信息分割等问题。社区治理应当是一个多元参与的过程，也是一个广泛合作的过程，通过网格化的信息平台将多元主体连接起来，在信息共享的基础上，政府、社区、居民、志愿者服务组织等相互沟通协作，进行网格化的管理以期达到社区治理协同联动的效果。

（四）智慧社区建设有利于提高社区管理效率

智慧社区建设打破了时间和空间的限制，加强了社区信息系统的集约化建设，以信息共享为基础，提高了信息传递的效率。智慧社区建设依托互联网、物联网等技术手段，逐步建设起统一的社区管理、信息公开、行政审批、便民服务等大数据信息平台，减少了传统社区管理由于信息割据带来的资源浪费和效率不高等问题。这些信息平台在便民利民方面也起着重要的作用。社区居民可以通过智能手机登录各种信息平台，随时随地查询社区信息，进行网上行政审批、报名参加社区活动、自助缴纳水电费等。与传统的社区管理模式相比，智慧社区大大缩减了居民往返时间和社区办公时间，既省时又省力。与此同时，智慧社区着力打造一支高素质、高水平的社区工作者队伍，社区工作人员能够熟练地掌握基本的信息技术操作应用技能，将传统的社区管理理念转变为社区服务理念，提高了信息化时代快节奏、高效率的适应能力和回应能力。迅速回应和灵活变通成为智慧社区建设背景下对社区工作者能力素质的两大要求，智慧社区背景下建设高素质、高水平的社区工作者队伍对社区管理效率的提高有着重要的推动作用。智慧社区利用大数据分析精准定位目标人群，满足居民多样化需求，实现公共服务的精准化供给，缓解了公共服务供求结构失衡问题，提高了公共资源的利用效率和公共服务的供给效率。同时，让居民能够根据自身实际需求来参与社区活动和获取公共服务，提高了居民的参与度和满意度，真正实现了有效率并且有效果的社区管理。

第二节　城市智慧社区管理模式探索

一、城市智慧社区公共服务模式

在社区公共服务供给方面，社区居民最为关心的三大问题就是消费服务方便性与安全性问题、健康保障服务问题和安防服务问题，这三大问题也是智慧社区平台亟须解决的问题。

（一）社区消费服务方便性与安全性

社区生活中，居民需要各类机构提供诸如家政、文化教育、健身、社交等方面的产品和服务，但社区居民在网络上搜索到的商家质量存在良莠不齐的现象，因此需要社区为居民寻找资质合格、服务质量好的商业机构。社区可以构建本社区的商务平台，为社区内企业提供商务与运营服务，满足居民购买需求。在商业模式方面，为了支撑社区商务平台的运营模式，应帮助商业机构在覆盖的区域内树立服务主体地位，扩大品牌影响力，激发其主观能动性。在移动感知技术的支撑下，平台直接采集最终用户的信息并加以分析，将用户的需求和相应的数据分析结果反馈给服务机构，由服务机构面向最终用户提供服务。对于最终用户来说，大数据平台相当于一个第三方的管家，所以这种商业模式也称为管家模式。智慧社区有了社区承载体，可以为商家提供更多的推广方式。例如，健康服务的商家，可以在平台体征监测的基础上，给出饮食与行为建议，并通过食材基地配送放心食材。可行的方式是体征监测与健康预报免费，建立用户的信任与依赖；食材配送收费略高于市场无来源标注的食材，太高则无法推广普及。体征监测设备为非易耗品，而食材是人们日常的必需品，用非易耗品换取社区居民对大量消耗品的依赖是基本思路，也符合“互联网思维”。

（二）社区健康保障服务

1. 社区健康服务需求的分析

（1）老龄化社会与综合健康服务。老年人特别是独居老年人对健康的诉求是全方位的，从心理健康、生理健康到生活方式都迫切需要综合的健康服务，包括亲情关爱和心理服务、医护和健康服务、失能老年人的护理、遗忘症老年人的用药用膳干预服务、老年人的生活配套服务等。

（2）慢性病与家庭健康监护服务。《中国居民营养与慢性病状况报告（2020 年）》显示，2019 年我国因慢性病导致的死亡占总死亡人数的 88.5%，其中心脑血管病、癌症、慢性呼吸系统疾病死亡比例为 80.7%，且该比例呈不断上升趋势。慢性病已成为 21 世纪危害人们健康的主要问题。

（3）庞大的亚健康人群与普适的健康服务。中国的亚健康群体庞大，占比高达 75%，血脂异常、脂肪肝、超重、骨质疏松、高血压等亚健康指标和疾病检出率一直居高不下。

（4）响应国家战略。近年来，我国颁布了多项与综合健康服务有关的政策和规定，并制定了相关的执行措施和标准。为了完善覆盖全国的慢性病防治服务网络和综合防治工作机制，建立慢性病监测与信息管理制度，提高慢性病防治能力，降低人群慢性病防治能力，降低人群慢性病危险因素水平，减少过早死亡和致残，控制由慢性病造成的社会经济负担水平，《中国防治慢性病中长期规划（2017—2025 年）》中明确指出了到 2025 年要达到的慢性病控制目标。

综上所述，开展基于大数据应用的综合健康服务平台研发，并进行示范推广，是解决当前中国社会老龄化现象、慢性病养护与监护问题以及亚健康问题的重要措施和手段，对于提升全国人民幸福指数，改善民生保障工作，响应党和国家关于民生保障、养老与健康事业发展，具有积极的促进作用和重大的社会价值。

2. 基于移动健康服务的流程

本书以线上信息服务和线下公益活动相结合的方式为例，来说明此项服务的流程。

第一，构建一个移动服务站，在移动服务站中配备体征采集设备，为老年人提供持续的健康检测，在社区中组织老年人做各种适合的活动，在活动中传授一些中医保健思想和保健常识。

第二，定期组织旅游养老度假活动，到城乡接合部体验乡村社区，或者到其他城市山水田园式的养老社区居住，将自己的注意力从子女身上转移，摆脱担心和焦虑，最大限度地保持精神愉悦和气血畅通，减少病患，延缓失能。

线上服务将探索老年人玩健康游戏和健康检测数据、健康管理方案之间的关系，可以由青少年创作动漫游戏，以认养、照顾、繁殖、抢救、祭奠一系列的生命教育为主题，将中国文化和中医智慧贯穿在游戏中，达到一老一小同参与、寓教于乐的效果。

健康需求服务群体包括从儿童到老年人各个群体，在群体界定上以 40 岁以上群体为主。其需求的服务集中在健康预报、养生养老、长期照护、心理干预、健康宣传和社区主动医疗等方面。以上这些服务将针对地理社区、社会社区和虚拟社区，以移动健康服务方式为基础展开，其服务流程如下。

从养生养老的需求出发，进一步的需求为健康预报、长期居家照护（Long Time Care，LTC）和社区主动医疗等方面。对于健康预报而言，在移动服务站中配置诸多医学检测设备，如心电、血压、脑电、尿液、糖尿病甚至 B 超，结合家庭的检测设备数据，传输到大数据分析中心，经过大数据分析和知识库建议，形成健康建议，输出到健康管理机构。健康管理机构的健康医师针对服务需求者的个体情况，结合大数据下的健康建议，有针对性地提出饮食、营养、运动、心理等方面的建议，并可根据个人意愿，安排放心食品和药品基地完成健康饮食和药疗的配送。物品配送到社区移动服务站中，社区人员可就近拿取。通过健康管理和持续检测，形成一个闭环反馈，能够有效地观察健康管理干预的效果。在日常生活中，健康医师还可以通过信息综合服务平台，利用语音、短信、微信和音视频互动，远程对服务对象进行干预和指导。

当服务对象有医疗服务需求或者在家中发生紧急情况时，社区移动服务站中值守的社区片医可以实施社区主动医疗服务。针对不同情况，片医可以实施自诊疗、转诊、著名医生的预约或者提出健康建议。在实施了主动医疗服务后，片医还可以通过综合信息服务平台向服务对象提供服药和医疗提示。

对于 LTC 需求，移动服务站中的服务人员将通知社区养老护理机构派遣养老服务人员深入老年人家庭提供 LTC 服务。关于 LTC 服务将参考国际 LTC

服务标准。

对于心理干预的服务，将在移动服务站中设置相应的服务单元，按照心理咨询的标准配置，应用远程多媒体等技术手段，尽可能放大心理咨询师的能量，满足居民对心理健康的需求。

对于健康宣传和教育，可以通过安装在移动服务站外面的大屏幕来实现。通过多媒体信息的播放和互动，宣传正确的生死观、中西医相结合的健康理念、日常生活常识等，从意识形态方面加强健康理念的宣传。

（三）社区安防服务

1.AI 加持下的智慧社区

（1）访客预约。通过人脸识别、人证比对、车牌识别等人工智能（Artificial Intelligence,AI）技术，实现访客无障碍到访。业主在 App 上给访客发送二维码，设置访客的身份信息、车辆信息以及到访逗留时间。访客在设定的时间内，通过刷二维码或身份证以及人脸识别、车牌识别在社区通行。车位引导系统可引导访客到指定的车位泊车，电梯控制系统将访客送至指定楼层，实现访客无障碍到访业主家里。访客在进入社区的过程中，业主可获得提醒信息并能随时在 App 上查看访客的行进路径。访客的出入信息在系统中上传存档。

（2）健康关爱。例如，独居老人通过智能手环、紧急按钮等智能设备，将异常状况及时发送到管理中心或监护人手机上，以便及时处理监护对象的危险状况。在救护人员尚未抵达现场之前，通过音视频对讲了解老人的状态，紧急情况下临时授权救护人员开启智能门锁进入室内救护。在日常生活中，通过室内智能传感器、智能门锁以及出入口 AI 监控等采集老人的出入信息，对异常状态及时预警提醒。

（3）无人值守。AI 视频监控设备比普通的网络视频监控设备具备更强大的视频处理和分析能力，可以为用户提供更高级的视频分析功能，提高视频监控系统的能力和效率，降低监控系统的成本，同时能够使视频资源发挥更大的作用。AI 视频监控“看得懂”的需求，是建立在“看得广、看得远、看得清”的基础上的。嵌入式系统运算能力的增强和智能视频分析算法的改进，在视频服务器和网络摄像机等前端设备嵌入视频分析模块将成为趋势。在前端做视频分析的好处是时效性高，并且传输到后台的是有用的报警信息和画面，这样可以大大减少传输数据量，也减少了后台存储的负担。人工智能视频分析技术可以代替人力，从海量的视频数据中找出有价值的信息，实现电子警察、人数统计、人群预警、轨迹跟踪、车辆分析等应用功能。

（4）安全守护。通过智能门禁系统、车辆出入管理系统、Wi-Fi 探针、视频联网、人脸识别和社区 App 的建设，提供访客视频通话和电话语音通话远程开门服务，住户也可通过刷身份证、二维码和 App 视频等多种方式开门，方便出入。通过信息化的手段进行视频联网，实现公安、物业、业主的可视化监控管理，在小区进出口及重点监控区域进行黑白名单人脸识别预警，保障群众的人身安全和财产安全。

2. 楼宇对讲下的智慧社区

楼宇对讲系统作为社区、家庭重要的安防设备，通过智慧社区平台可发挥更加强大的功能与多样化的增值服务，更好地为社区业主服务。智慧社区平台把用户、家庭、物业、社区以及商圈紧密地联结在一起，用户通过数字终端、App 等应用就能够便捷地使用智慧社区提供的多种服务，增强用户黏性。

楼宇对讲下的智慧社区具有以下七大特点。第一，创新治理，促建“雪亮社区”。通过人脸卡口、车辆卡口、门禁等系统，编织立体化防控网络，促进“雪亮社区”建设。第二，一屋一档，完善出租。辖区房屋信息包括房屋编码、名称、组织机构、性质（自住 / 出租）、地址、所属警务区、关联门禁点等，关联房东、租客信息。第三，多维数据，信息共享。促进人员、车辆、房屋信息和出入、报警信息的整合、交换、共享。对接公安平台，为治安综合治理提供数据支撑。第四，采集信息，分析轨迹。“行知去向、动知轨迹”，实时监控和布控比对。第五，一人一档，人口管理。详细记录人员拥有车辆、出入记录、过车记录、居住信息，形成人员信息库。人口动态管理，便捷查询。第六，社区与家庭紧密结合，通过智慧家庭与社区系统联动，为业主提供多种智能化的服务。第七，公安综合治理，大数据支撑。将智慧平安社区建设纳入公安综合治理物联网，为社会治安综合治理、智慧城市提供社区基础数据。

通过智慧社区建设，提高了流动人口信息采集率，加大了流动人口和常住人口管理力度，解决了访客管理及访客信息采集（包含人脸、指纹、中央处理器卡、二代证）的难点，与公安系统联网，提升了社区安全防范等级，促进了

“平安城市”建设。

通过社区内的卡口、门禁、AI 视频监控以及物联感知设备，实现社区数据、事件的全面感知，建设以大数据人工智能应用为核心的“智能安防社区系统”，形成了公安、综治、街道、物业等多方联合的立体化社区防控体系，有效提升了特殊、重点关注、涉案、涉恐等人员的管理能力，不断提高公安、综合治理等政府机关的预测预警和研判能力、精确打击能力及动态管理能力，以及社区防控智能化水平，提升居民幸福指数。

二、城市智慧社区服务的 O2O 模式

智慧社区是实现智慧城市的核心，智慧社区线上线下电子商务（Online to Offline，O2O）是智慧社区建设的重要组成部分。智慧社区 O2O 从社区入手，为居民提供惠民便民服务，以“以民为本、和谐社会”为宗旨，以物联网、云计算等技术为实现手段，通过建设统一的平台、一套移动终端、一个呼叫中心，整合社区资源，促进小区公共服务管理等方面的信息化应用，实现对社区的信息发布、居民生活的多种元素进行综合的智能化管理，以及足不出户的小区通知、购买商品、家政服务等，方便群众生活，提高公众服务水平。

智慧社区 O2O 可以有效改善传统社区的管理方式，简化流程，优化资源，提高社区管理的效能，方便社区居民贯彻“以民为本、服务社群”的宗旨。通过智慧社区建设，能够打破信息“孤岛”，推倒信息“烟囱”，构建信息共享库，实现信息互联互通和资源共享，减少重复工作。新型的社区工作模式，创新了社会管理体系，能够提高便民惠民服务水平和社区的安全水平，提升居民幸福指数，促进社会和谐。

智慧社区 O2O 是智慧城市各个子板块中最贴近人们生活的一个部分，隐藏着巨大的商业机会。居民每一天的生活都围绕着社区展开，由此而衍生出来的商业机会不亚于商业地区，其与人们生活息息相关的实体形态是 O2O 上佳场景，这一区域的经济价值正在为市场所认识。虽然进入市场前期需要大量资金投入，但后期回报不可估量。

目前，我国社区服务 O2O 的商业模式主要包括以下两种。

（一）电子商务类 O2O

电子商务类 O2O 服务人群是喜欢宅在家里的年轻人和有机一族，他们更

倾向于进口食品饮料，需要再加工食品（如麻辣小龙虾、麻辣烫等）、有机食品及各类生鲜。这类订单单笔消费较高或者需要按月订货，这样订单价格就可以更高，而且送货压力小，只是仓储麻烦，需要就近部署，且由于需求的不可预期也不能派专人驻守，需要借力服务。

（二）整合服务类 O2O

整合服务类 O2O 也呈现井喷之势，如勇于烧钱的叮咚小区，已经上市的彩生活、小区无忧、小区问问、e 家洁、云家政、猫屋男孩等。这类 O2O 以提供社交平台、整合身边服务为主战场，基本上可以分为三种：家政服务类、社交类、分类信息类。

家政服务类 O2O 以 e 家洁、云家政、猫屋男孩等商家为代表，主要以保姆、钟点工、月嫂、保洁、维修等各类家政服务、配送服务、收发件服务等吸引用户。这类商家的侧重点主要在如何让住户使用其平台，所以平台推广是一大难题。

社交类 O2O 以叮咚小区为代表。叮咚小区以上海为据点，侧重社区居民在线社交，并引导建立线下联系或线下活动。其主要服务内容包括服务站（小区公告、办事办证）、号码通（电话通信录）、论坛、邻居、对话等，以及二手市场、拼车、宠物（以宠物为纽带的聚会、散步、交流、领养等）、亲子、家政、家教等。想做好社交类 O2O，需要抓住用户，把线下活动做活。

分类信息类 O2O 首要的就是信息准确，代表商家为云家园、小区无忧等。小区无忧涵盖了每个小区周边直径 3 千米内的常用商家，提供外卖、超市外送、家政、水果配送、美容美发等生活服务，且所有的数据与内容全部经过人工审核和验证，避免用户体验差等尴尬情况发生。目前，小区无忧已覆盖全国 50 多个城市 20 万个小区，用户数高达 100 万。云家园也是一个社区综合型平台，为社区周边居民提供与日常生活相关的“衣、食、住、行、用”的服务信息，还为业主提供生活缴费、物业服务、实时查询等其他的特约服务。由于信息类平台需要大量的数据支撑，大数据分析是必不可少的，这类平台需要抓好商户管理，为客户节省更多时间。

第三节　城市智慧社区管理体系的构建

一、智慧社区管理体系构建的必要性

（一）提高政府基层治理能力与服务水平的内在需求

随着智慧城市建设的加快，社会治理创新改革的不断深入，社区作为基层治理的主要场所，其重要性越来越凸显，所承载的功能越来越丰富，将智慧化手段同社区治理与服务相融合，能实现社区的善治，显著提升社区治理的成效，同时促进基本公共服务实现均等化。智慧社区中要将社区政务、交通、医疗、教育、就业、物业、楼宇、安居、食品、家庭护理等智慧应用集成系统，融入智慧应用的统一门户平台，全面整合社区政务管理和公共服务资源、社会企业商务服务资源。运用网络技术实现统一规划，借助云计算技术、云服务，不断开拓创新智慧应用服务，通过构建智慧社区治理与服务体系能显著提高政府基层治理能力与服务水平。

（二）创新社会治理的重要举措

近年来，政府不断在尝试通过互联网信息技术提高社区治理与服务的水平。智慧社区治理与服务模式应运而生，能够更快、更好、更高效地实现治理与服务。智慧社区是社区治理的新理念，是新形势下社会治理创新的一种新模式，也是一种新的社区治理形态。智慧社区治理与服务能促进公共服务和便民服务智能化，能够将政府和社区民生相融合，加强政府与居民的联系，提升社区治理能力。通过指挥平台的建设实现信息共享，可以降低社区治理的成本，提高社区运行效率，推动服务型政府的形成，实现社区治理的现代化，改善社区治理的硬件设施，优化社区治理环境，提升社区服务和治理能力。智慧社区治理与服务是创新社会治理的重要举措。

（三）解决社区发展问题的有效措施

社区是城市的基本单位，是居民生活的主要区域，智慧社区的建设能够有效解决社区发展中遇到的很多问题。最早智慧社区的建设理念，是为了解决当今社区发展中遇到的问题。而通过智慧社区治理与服务体系的建设，现代化的社区治理与服务手段有效解决了这些问题，无论在提高社区工作人员工作效率方面，还是在提高居民生活便捷性方面都取得了显著成效。

（四）提高居民满意度的具体落实

随着社会经济水平的提高，居民的需求也越来越多样化，在社区治理与服务方面也呈现出寻求便捷、高效、智能的服务需求，这就要求政府要不断优化社区治理与服务模式，提供健康有序的社区治理与服务体系。互联网信息技术、通信技术不断创新发展，智慧社区建设在这些高新科技的支持下将智能建筑、智能家居、智能养老等多种应用相融合，对社区服务和治理进行了革新，从本质上提高了社区治理能力和服务水平，最大限度地为居民提供便捷的服务，方便居民的生活，让居民在日常生活中体会到科技带来的便捷，创造优质的社区生活软环境，实现了宜居、安全、健康、文明、和谐的社区建设目标，以及政府、社会企业和公众之间的和谐互动。通过协同治理显著提高了社区居民的生活水平，提高了居民的满意度，推动了和谐社区、和谐社会的建设。

二、智慧社区管理体系构建的特点及必要条件

（一）智慧社区治理与服务体系构建的主要特点

1. 以人为本

智慧社区治理与服务体系构建的核心是“以人为本”，以社区居民的需求为根本出发点，在“吃、住、行、游、购、娱、健”等方面提供个性、多样、智能、便捷、舒适的高品质社区公共服务，让居民生活得更加美好。

2. 科学管理

智慧社区治理与服务的构建是依托物联网技术、新一代移动通信技术与社区服务、管理流程的有机融合，充分发挥科学技术的潜力，采用科学管理的方法对原有的管理体制进行再造重构，通过科学的管理流程提高居民的办事效

率，通过扩展服务内容方便居民的生活。

3. 主动服务

智慧社区充分应用现代信息技术，把人和物的信息高度整合，使得整个社区形成一个系统，通过这样的技术手段感知分析智慧社区中的主要事物。例如，智慧社区的网络平台通过海量信息对社区居民的网页浏览记录、行为模式等进行记录，形成一个准确的分析结果就可以定向为社区居民提供精准的服务，还能将分析结果主动推送给相关的服务部门。对于老年人、残疾人等特定人群，智慧社区中的热感设备可对其状态进行监测，如果出现意外状况报警设备就会启动并向受信人报警。

4. 可持续发展

智慧社区治理与服务体系的构建是创新基层治理的有益实践，有着持续创新发展的内驱力，具备自我完善和自我发展的能力，社区内的各个元素可以实现自我调节、优化和完善，从而更具可持续发展的潜力。

（二）智慧社区治理与服务体系构建的必要条件

总结智慧社区建设的经验，可见智慧社区治理与服务体系构建的必要条件包括以下几个方面。

1. 生态体系

智慧社区是一个完整的系统，在建设智慧社区治理与服务体系时要考虑社区的整体效益，通过现代技术应用对社区的地理、资源、环境、经济、社会等整个社区系统进行信息化、数字化、网络化管理，在社区内形成一个支持政府、企业、居民的交互、共享的平台。所以，智慧社区治理与服务体系的构建要关注社区的生态体系，如社区各参与者的包容整合性、信息运用过程中的生态性、社区运行的有序性等。

2. 信息化基础

智慧社区治理与服务体系的建设需要将社区内的治理与服务信息充分信息化，通过将有形的事物转化为信息，才能利用计算机手段进行分析处理。加强信息化基础的支撑作用，才能整合社区信息，它是提供社区服务的必要条件。在信息化的基础上，社区居民利用手机、平板电脑、数字电视等数字化终端设备，获取系统中的有益信息。在这样一个完整流程中信息化是基础，是智慧社区致力于服务体系构建的前提条件，信息交换中心能将社区中的各种系统整合起来，信息化自动处理系统能进行信息智能化分析，代替人自动处理事务。

3. 通信基础设施

智慧社区建设依托完备的网络通信基础设施，包括宽带网、无线网、物联网、安保监控、车辆智能管理系统、烟雾火灾识别报警设备等基础设施的改造升级。因此，加快社区通信基础设施的建设，是夯实智慧社区治理与服务体系构建的物质基础。通信设施是信息流通的通道，只有完善通信设施建设才能保障信息化的实现。

4. 智能服务与社区管理

政府的主要职能之一是向居民提供公共服务并且对社区实施管理，但随着社会的高度发展，以及居民需求的增长，社区服务的内容不断增多，社区管理面临的难题越来越多，原有的社区治理与服务方式难以应对，通过实现社区服务与管理的智能化才能提高服务效率与质量。智能设备的应用大大缩减了人力成本，节约了资源。智慧社区治理与服务体系的构建要注重智能服务的内容与社区管理的方式，依据社区的资源与项目的价值进行选择，提供成熟的服务。

5. 智慧社区的评价体系

智慧社区治理与服务体系构建的目的是满足人民的需求，因此人民满不满意才是判断智慧社区治理与服务体系构建是否合理的标准。社区居民满意与否是整个评价的基础，通过居民对服务与管理的反馈信息对智慧社区进行评价，针对居民的需求对服务与治理体系进行改进，以居民利益来衡量“智慧化”评价指标，是构建智慧社区治理与服务体系的重要参考依据。

三、智慧社区管理体系构建的目标与原则

（一）智慧社区治理与服务体系构建的目标

智慧社区治理与服务体系的构建是为了实现降低社区服务成本的同时，提高社区治理的效率与居民满意度的目标。智慧社区强调的是重构社区治理方式，在创新基层治理的要求上追求阳光政务、丰富服务体系和实现人的发展。构建智慧社区治理与服务体系能为更多的人参与社区建设与治理提供条件与途

径，充分发掘了人的智慧本性，构建了一种新型社会治理与服务体系，社区居民能轻松地获取需要的服务，同时为社区居民提供了安全便捷的生活，也为社区管理者提供了便利，最终实现真正以人为本的和谐社会治理体系。

构建智慧社区治理与服务体系的短期目标主要包括以下两个方面。

1. 创新社区治理模式

随着社会体制改革的不断推进，基层治理要求创新，智慧社区治理与服务体系的构建应满足政府改革与社区自我管理的需求，简化行政审批事项，实现社区受理，充分发挥社区便民服务的优势，实现社区治理的创新化与现代化。

2. 提升社区自治能力和服务能力

智慧社区治理与服务体系的构建，是为了提升社区自治能力与服务能力，教育、医疗、就业、物业、购物等服务实现智能化，各项便民服务全覆盖，可以促进社区自治能力和服务能力的显著提升。

构建智慧社区治理与服务体系的中长期目标是，建立可持续发展的社区治理体系和智能化社会服务体系，建立权责明晰、集约高效的社区服务体系，创设良性的智慧社区环境。

（二）智慧社区治理与服务体系构建的原则

1. 坚持以人为本、服务至上的原则

智慧社区治理与服务体系的构建，是通过改革和创新社区管理与服务体制来不断提高社区治理水平和服务质量。提高社区治理水平与服务质量的出发点是为了满足居民需求，提升居民幸福感。因此，我国智慧社区治理与服务体系的构建要坚持以人为本、服务至上的原则，真心实意地为民解忧，一切工作都以提高社区居民生活的舒适度与幸福感为准则，让社区居民更有归属感。

2. 坚持聚焦重点、服务大局的原则

两点论与重点论告诉我们要抓住事物的主要矛盾，同时统筹次要矛盾。智慧社区治理与服务体系的构建应该突出社区管理、服务、商圈、人文精神等重点领域，对于与居民生活息息相关的领域进行重点建设，满足居民日益增长的基本需求，同时要有统筹全局的意识。

3. 坚持资源整合、避免浪费的原则

智慧社区治理与服务体系的建设要注重资源的高效利用，避免浪费与基础设施重复建设，充分利用现有资源。对已有资源进行摸底再利用，对现有的各类智能系统、通信设施、人力资源、信息资源进行有效整合，集中共享，搭建凝聚各方力量的公共平台，防止重复投入，避免浪费。

4. 坚持因地制宜、因人而异的原则

每个社区所处的地理位置不同，其拥有的资源也不同，致使各个社区的经济条件与人文素质、创新能力不同，这就造就了每个社区的独特性，社区在发展时可以充分利用自身的特点因地制宜、因时制宜，变特点为优势。智慧社区治理与服务体系的构建要对社区的整体地理、环境、人文等信息进行分析，结合社区现状，采取不同的建设手段与治理体制，总结实践经验，改革创新，因地制宜、因人而异构建适合本社区文化的治理与服务体系。

四、智慧社区管理体系的总体架构及内容

（一）智慧社区管理体系的总体架构

1. 智慧社区管理系统

智慧社区的管理系统包括内部管理系统和社会管理系统。内部管理系统是集政府组织、社区居委会于一体的综合信息应用平台，对公共部门的工作进行记录、考核，面向政府组织的政务服务形成一套内部数据库。通过内部数据库社区工作者可以进行社区基层党组织建设，同时为居民提供便民的社区基本公共服务，改变原有的户籍管理制度。该系统还包含驻区单位和各种社区志愿组织的信息，各组织通过内部数据库可以进行信息共享和在线互动交流，大大提高了社区治理的工作效率。社会管理系统会采集社区常住居民、外来流动人口、社区单位企业等各种社区民情基础数据，对数据进行准确详细的统计和分析后加以利用。在此基础上该系统还能汇集社区内的房屋信息与周边地下网管信息，利于其及时发现问题并提供维修服务。将整个社会的环境信息与安防监测系统汇集到该系统中可以确保社区环境的安全与整洁，提高社区居住环境质量。

2. 智慧社区服务系统

智慧社区服务系统通过整合教育、医疗、养老、就业、电子商务、家居、文化等功能实现社区服务智慧化，还可以使居民在网络上就能办理政务性事务，节省排队时间，足不出户就能了解事务办理进程，提高了政府部门办事效率。智慧社区通过信息网络可以把各项服务整合起来，实现社区服务供给中的政府组织、非政府组织、企业商户、社区居民的协同治理。在协同治理的模式下，政府组织统筹全局的地位没有变，但它与非政府组织、企业商户、居民之间没有主次之分，是平等的合作伙伴关系，是合作体系中的一个构成要素，主要起引导作用。

智慧社区治理与服务体系的构建，是以提高社区居民幸福感为目的，在现代化技术手段的支持下，通过网络信息技术建立智能服务平台，使社区的管理便捷化、高效化，使社区服务多元化、优质化，为政府组织、企业、非政府组织、居民之间的协同治理提供平台的一种新型社区治理方式。其总体架构及内容如表 8–1 所示。

表 8–1　智慧社区治理与服务体系的总体架构及内容

智慧社区主体	政府组织、非政府组织、企业商户、居民											
治理与服务体系	智慧管理						智慧服务					
内　容	党建管理	人口管理	政务管理	物业管理	智能安防	智慧环保	智慧教育	智慧医疗	智慧养老	智慧就业	电子商务	智慧文化

（二）智慧社区管理体系的内容

1. 党建管理

智慧社区通过构建综合信息服务平台对社区党建工作进行管理。党建管理系统对社区党员信息进行采集与管理，保障党建工作的有序开展，同时建立党员电化教育相关设施，开展社区党员组织生活会。

2. 人口管理

通过社区综合管理平台的人口信息管理系统对社区常住人口及流动人口信息进行及时管理与更新，实现社区人口信息全覆盖，同时通过信息平台对人口进行分类管理，如老年人、残疾人、幼儿、就业困难人群等，以便针对不同人群推送不同的服务种类。

3. 政务管理

在智慧社区治理与服务体系的构建中，通过社区综合管理平台的搭建对社区政务进行管理。该平台汇集社区内基本的政务性工作，社区居民通过网络就可以进行网上政务申请、查询、办理，同时可以对社区组织事件进行在线录入、更新和维护。

4. 物业管理

社区通过视频监控网络、各种传感器网络及宽带网络构成智慧物业物联网系统，实现车辆管理、闭路监控管理、消防、日常设备检修与维护、电梯管理、垃圾回收清运等社区物业的智能化管理，各部分既独立运作又高度融合，通过数据中心将各独立应用的子系统相连接，集中在一个系统中统一管理。

5. 智能安防

智慧社区的综合安全管理系统通过社区内高清摄像机和智能化监控设备进行数据采集分析处理，结合人口信息系统、嫌疑人档案库等数据，利用视频分析技术和人脸识别技术，对出入社区的可疑人物进行追踪，第一时间对社区非法闯入事件启动安防系统。此外，在智慧社区中社区成员每人都拥有一个实名制的社区会员卡，利用会员卡居民才能通过社区的门禁系统，这样就能减少外来人员的进入，确保社区安全。同时，通过视频监控与感应系统可对社区内的消防安全进行预警。

6. 智慧环保

在智慧社区中，环境保护功能是借助物联网技术实现的。社区中的各个区域都会安装感应设备、监测设备，这些设备会将监测数据传送到数据管理中心，实现“天空地”一体化遥感监测。数据管理中心利用超级计算机和云计算对监测数据进行分析，帮助管理者全面了解社区环境，以实现全方位、多层次、全覆盖的社区生态环境网络监测，对社区环境业务系统进行整合，防止环境污染，对已经发生的环境问题能及时处理，实现环境保护的动态管理。

7. 智慧教育

智慧教育是通过利用互联网、云计算等信息技术，构建教育资源整合与教育数字服务的平台，全面构建数字化、网络化、智能化和多媒体化的现代教育系统。教育部门可通过服务平台进行网络化办公，通过对教育资源数据采集的分析，对教育系统进行全面监督；学校可利用公共服务平台建立独立的数字化校园环境，在平台上对校园环境进行管理，方便教学教务管理；教育者和被教育者都能通过公共服务平台便捷高效地享受到丰富的教育资源和教育服务。通过创新的教育模式和教育手段，既能实现教育公平，又能提升教学质量和管理水平。

8. 智慧医疗

智慧医疗综合服务平台能将社区居民的个人健康档案进行电子化储存，对居民健康档案实行统一数据管理。居民在符合条件的基础上可以进行健康档案的实时查询，辖区内的各级医疗机构也能利用内部专网进入这个平台查询、分享资源。此外，通过社区综合服务平台中的居民健康服务系统，社区居民可以登录网站进行网上挂号，对于一些慢性疾病还能利用远程视讯协助医生异地诊断，方便居民看病以及对自己和家人进行健康管理。对于行动不便的老人和残疾人，利用传感设备可以对老人的体温、血压、心跳速率等身体健康指标进行实时监控，可享受远程看护、实时险情报警等医疗服务。智慧医疗综合服务平台通过长期积累的健康状况数据，会形成一套指导方案，能够实现健康指导服务精准化。

9. 智慧养老

智慧养老利用物联网技术，通过各类终端设备，将社区内的老年人的状态与智慧养老系统远程连线，利用数据传送对老年人的状态进行监测。通过对居家老人的环境参数、人体参数进行监控，可为老人提供远程紧急呼叫、生活照料、健康安全检测、服务信息查询等服务。老人一旦发生意外情况，感应终端会马上启动报警程序同时向信息中心发出求救信息。此外，智能化系统还能让老人进行在线交流与信息分享，加强老年群体的感情交流，在满足老年人物质需求的同时满足其精神需求，家属也能通过智慧养老系统及时了解老人的生活状况与身体状况。

10. 智慧就业

智慧就业服务平台运用计算机、互联网、触摸屏等先进科学技术，依托智慧社区基础设施和信息化建设，通过线上、线下、人工、自助等多种方式为求职者和用人单位提供就业招聘服务，形成一套便捷的就业服务系统。

智慧就业服务平台包含求职登记、人才信息发布、招聘信息发布、网上面试、职业指导、就业关怀、岗位预订等多种功能。求职者可以通过智能查询快速定位合适的岗位，还可以利用三维空间实地观摩就业环境，并通过平台在线填报简历，进行网上面试；招聘企业可以发布岗位信息、查询人才信息、进行网络面试等；政府部门则可以进行信息审核监督，保障就业过程安全、合理、规范、高效。智慧就业服务平台的建立转变了传统就业服务模式，显著提升了政府就业部门的服务能力和工作水平，同时有效实施网络招聘，为个人、企业节约了成本，促进了就业，提高了就业服务水平。

11. 电子商务

社区电子商务是指在社区内借助网络购物平台进行的商业交易活动。社区管理者会对注册商家进行资格审核，确保网络交易的安全，而社区居民可以进行网络购物和在线支付等各种商务活动、金融活动和相关的综合服务活动。社区居民通过社区电子平台进行物品选购，商家接受订单并提供配送服务，社区居民足不出户便可购买生活必需品，同时由于注册机制能确保商家资质，因此可有效避免居民买到劣质商品。

12. 智慧文化

智慧文化服务通过社区建设的社区智能图书室提供，居民可以登录社区综合服务平台进入社区图书室，查阅电子书籍、借阅图书，营造良好的文化学习与交流氛围。社区中心建设的无人化电子教室，还能提供电子教材和儿童娱乐影音，满足儿童放学后和节假日时间的自助学习及娱乐活动。

（三）智慧社区治理与服务体系构建的操作流程

在智慧社区的治理模式下，社区居民在互联网上就能充分表达自己的需求，而各类服务以及服务的提供者都会通过社区综合服务平台进入社区公共服务管理系统，从居民到企业商户再到政府组织，社区中的各个成员都参与到了服务的过程中，实现了社区治理与服务的协同化。

此外，通过一段时间的数据记录，智慧社区管理部门可以利用社区居民的需求信息分析出各类人群的需求特点，从而可以为其定期推送个性化、分类化、定向化的服务，改变传统社区服务被动供给的状况，实现社区服务的主动供给。

通过这种智慧治理，居民可以对各供给主体的服务质量进行动态评价，真实反映供给主体的服务质量。这就要求服务供给者不断提升服务质量，建立岗位竞争机制，实现优胜劣汰。智慧社区治理与服务体系的操作流程如图 8-1 所示。

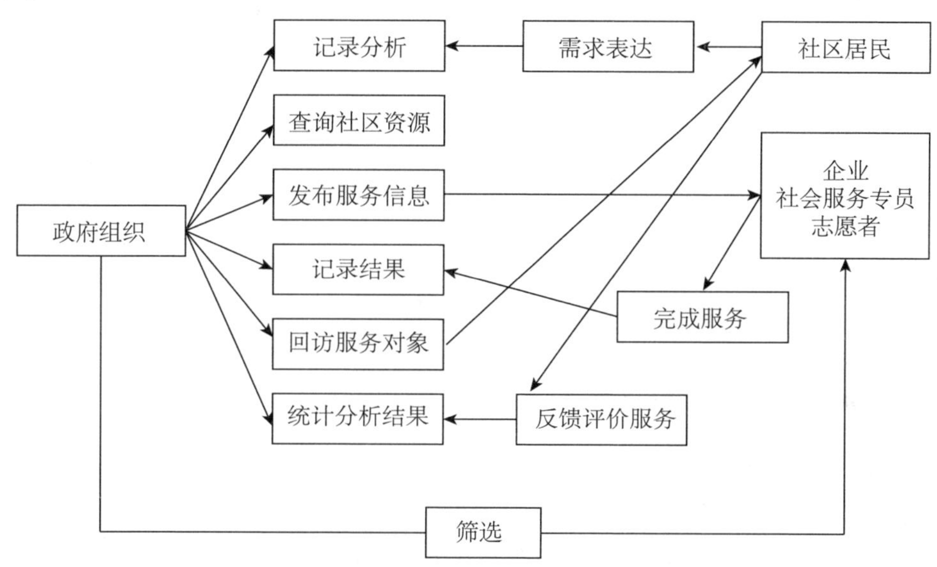

图 8-1　智慧社区治理与服务体系的操作流程

第四节　基于泛在智能的未来智慧社区

一、“5G+AIoT”完善社区生态

“5G+”智慧社区通过顶层设计，向下打通智慧家庭，向上对接智慧城市。

5G 技术将促进形成基于信息化、智能化的管理和服务，构建出良性运营的新社区形态，是打通“最后一公里”的终结者。传感网络是用户感知无形的技术的重要媒介，部署的海量物联网设备通过 5G 升级，在社区场景实现数据感知和连接的社会面、行业面全覆盖，让无处不在的传感器随时随地提供缜密的数据收集与反馈。

AIoT 是 AI 和物联网（Internet of Things，IoT）相互赋能的产物，更是可持续的生态化组合和相互融入的产物，从而实现更加智能的生态，把应用推进到前端，实现端到端的落地。通过 5G+AIoT 的部署，新型智慧社区以实现准确感知、实时监测、精确预警、高效智能为建设目标，实现在智慧社区化系统中，出入有记录、异常有动作、管理有协同、动态有更新、不断有迭代、被动变主动、运维是常态。

在“5G+”智慧社区场景中，泛在的智能感知管理系统包含社区的态势感知、预警感知、消防感知、地磁感知、烟感感知、车辆感知、运维感知、井盖感知、垃圾箱感知、水压感知、空气质量感知、水质感知、电梯感知、温度感知等一系列的感知应用。泛在物联网的感知加 AI 的赋能，可以实现具有高度智能的社区管理、精准运营的神经感知能力。

二、知识图谱提升社区智慧大脑

知识图谱是一种语义网络，是一种由节点和边组成的图数据结构，包含大量实体和概念及其之间的语义关系，知识图谱中所包含的实体、概念、属性、关系等信息，提供了从关系角度去分析问题的能力。不同实体之间通过关系相互连接，构成网状的知识结构。在知识图谱中，每个节点表示现实世界的实体，每条边为实体与实体之间的“关系”。通俗地讲，知识图谱就是把所有不同种类的信息连接在一起而得到的一个关系网络，提供了从“关系”的角度去分析问题的能力。

知识图谱构建的过程主要分为信息抽取、知识表示、知识融合、知识推理等四个部分。信息抽取包括知识抽取、实体抽取、语义类抽取、属性和属性值抽取、关系抽取等五部分，主要完成知识图谱基础信息收集和关系治理；知识表示主要是以资源描述框架的三元组 SPO（Subject、Property、Object）来符号性描述实体间的关系；知识融合是指在提取了知识后，由于知识来源广泛，这些知识常常呈现出分散、异构、自治的特点，还有冗余、噪声、不确定、非完备的特征，清洗数据并不能解决这些问题，所以必须对知识进行融合和验证；知识推理是指通过各种方法获取新的知识或者结论，这些知识和结论满足语义，其具体任务可分为可满足性、分类、实例化。

正是由于智慧社区的综合性、复杂性以及参与者覆盖人群的全面性，决定了知识图谱技术是构建知识社区、智慧社区的技术之一，它将提升社区智慧大脑的能力，赋予移动信息端真正的智慧能力，提供平台端全面的AI化，协同智慧终端实现大脑功能。知识图谱奠定的技术基础，与计算机视觉、语音识别、自然语言处理一起，为智慧社区AI可持续化、自我净化提供无限可能。智慧社区知识图谱是一个长期建设、不断完善的过程，不断学习各种社区知识并形成知识推理能力，实现居民、政府、管理方等多方面的自动文字交互、语音交互、终端交互等需求，逐步实现社区管理居民自治。同时，可以引入安保、物业、政务办理等智能机器人，大幅度降低人力成本，构建一个全天候、高度智能、高效服务的智慧社区支撑体系。

智慧社区包含各种精细化的智能场景，涉及各种智能硬件、智能体系生态链建设。智慧社区的技术发展一定会在智能语音技术、深度学习技术、自然语音交互、计算机视觉、知识图谱持续建立，融合AI技术的物联网感知设备设施落地等领域得到高速发展。

三、全面激活未来社区数据价值

未来社区建设与传统社区建设的区别在于以数字时代的城市发展和居民生活需求为中心，通过发挥物联网、云计算、大数据、人工智能、5G等数字技术来激活数据的价值，通过数据共享带动跨部门、跨层级、跨地域的业务协同，用智能算法让社区变得可感知、可分析、可决策和可预警。

未来社区的数字化建设目标是为居民、服务企业和管理监督部门带来全流程的数字化体验和能力。用数据和算法来改善居民的居住和出行体验，提供便捷的公共服务；提高社区商贸、公共服务综合承载能力和运营效率，构建市场化的商业运营生态；加强城市基层单元的智能化管理和监督能力，有效提高社区运行管理领域的智能化和精细化水平，推进未来社区可持续发展，并支撑城市发展。

在充分融合社区数据和城市数据的基础上，依托未来社区数字化操作系统可对数据进行深度挖掘，构建数据模型，为智能应用提供标准、规范的数据，实现从数据到智能的价值转换。

四、构建虚实融合的数字孪生社区

数字孪生是物理空间与虚拟空间之间虚实交融、智能操控的映射关系，通过在实体世界以及数字虚拟空间中记录、预测对象全生命周期的运行轨迹，实现系统内信息资源、物质资源的优化配置。

数字孪生社区既可以理解为实体社区在虚拟空间的映射状态，也可以视为支撑智慧社区建设的复杂综合技术体系，它支撑并推进社区规划、建设、服务，确保社区安全、有序运行。通过建筑信息模型/城市信息模型及物联网等新一代信息技术构建数字孪生社区，实现各职能系统的互通互联、有效整合及数据的叠加计算，使社区政府、各级职能管理机构、辖区市民都可以从社区各类资源及区域环境中受惠，实现管辖区域内“人、车、地、事、物”的全面监控，社区治理手段正向泛在感知数字化升级，以感知、连接和计算三大能力为主线，推动基础设施智能化升级，丰富社区治理手段。

依托数字孪生技术，社区的规划布局、道路建设、交通优化、关系百姓民生的各类政策出台均可通过数字化模拟，实现效果验证、成效体验的目标，为科学决策和精准治理奠定基础，避免冲突、资源分配不均衡等现象发生。例如，通过模拟仿真、动态评估、深度学习社区规划方案效果，实现规划不再走弯路；通过三维呈现水势、空气动力、雾霾变化等，为治理决策提前部署提供依据；通过深入了解民众出行、生活、消费等习惯，制定个人出行路线；通过交通流量预测，智能疏导和优化信号灯时长。

通过将社区各类智能终端进行空间关联映射和有序管理控制，全面释放大数据资源价值，尤其是实时感知数据。根据社区部署的智能路灯、泊车、烟感传感器、井盖、管线压力计、高空无人机、空气传感器、水体监测器等感知载体，通过5G网络实时传输至云端，利用AI技术实现市政交通、公共安全、空气质量、水体安全、灾害预警等的实时监测和通报。

五、打造可持续智慧交通场景

交通场景作为未来社区建设和发展过程中的一块至关重要的“拼图”，应顺时顺势，不断迭代更新和完善。对于社区而言，交通出行面向的主体是人、车和物，必须以“人畅其行、车畅其道、物畅其流”作为目标，才能让居民满意。建设未来社区，应该紧紧围绕“以人为本”的核心，结合公交导向型开发（Transit-oriented Development，TOD）、出行即服务（Metal as a Service，MaaS）、智慧交通等发展理念，满足人、车、物的个性化交通需求，实现公共交通一体化、慢行交通便利化、智慧交通集成化、社区交通分级化和出行服务人性化，打造“5 分钟、10 分钟、30 分钟生活圈”，构建一个全对象、全过程、全覆盖的未来可持续交通场景。未来社区居民出行较多，最为关键的环节便是解决便利化问题。出行的便利化程度直接反映了出行的效率与体验。未来社区以居民慢行顺畅、10 分钟到达公交站点为目标，打造 10 分钟“慢行 + 公交”的交通出行链。

（一）“公交 + 社区”与 TOD 导向的一体化对外交通

在有条件重建或新建的社区，结合社区建设，围绕快速、大运量的轨道交通站点进行综合一体化开发。平面规划上，结合社区特点为社区到公共交通站点间提供便利、舒适的衔接设施服务；立体空间上，将 TOD 综合体与周边社区紧密结合，合理规划轨道上不同功能的物业综合体。采用多种技术手段（如注重稳静化设计、提供出行服务等）保障 10 分钟“慢行 + 公交”的交通出行链建设。

（二）“全天候、无障碍”的便利化慢行交通

统一规划非机动车道和人行道，并接入城市交通干道中，构建内外畅通的非机动车及人行交通系统。在街道设计上，充分考虑老年人、孕妇、残障人士等特殊群体需求，布置休憩空间和风雨连廊等人性化设施。

（三）“小街区、密路网”的“街区制”社区交通

该路网设计能为慢行交通和公共交通提供高密度、低干扰的街道空间。一方面，综合考虑街道沿线的用地性质、交通特性、社区经济和街道景观等因素，针对不同类别进行模块化设计；另一方面，充分考虑城市未来交通发展趋

势，布设路测传感器、预留智慧交通设施标准化接口以满足共享、无人、电动的未来交通形态。

（四）“一键式、全行程”的人性化出行服务

引入一站集成式出行服务运营商，提供从出发地到目的地的个性定制化出行服务，满足社区居民多样化的出行需求。以社区为单位综合开发“邻里共享出行平台”“社区出行仪表盘”等数据产品，引入社区拼车、“社交 + 出行”等特色功能，完善社区居民交通出行信息服务。在社区公共场所设置居民生活服务信息显示牌，实时播报社区周边干道交通运行状况；在社区对外公交站点设置交通信息显示牌，实时提示公交到站时刻信息。

（五）打通社区公交微循环，实现行人和私家车“人车分流”

对于公共交通车辆，充分利用社区内部支路密路网体系，完善交通导向设施，优化社区公交车路线，建立社区内部公共交通可持续微循环体系；对于私家车统一规划管理，引导车辆从小区外部道路直接进入地下车库，避免车辆在地面行驶对公交和慢行交通的干扰，实现“人车分流”。

（六）“智慧停车、共享停车、绿色停车”的智慧化、便捷化、高效化停车服务

静态交通方面实现“5 分钟取停车”，从新服务、新机制、新设施等维度着手推动社区停车朝着智慧化、便捷化、高效化方向改革。利用立体车库、自动导引运输车（Automated Guided Vehicle，AGV）等技术提高车位机械化率、自动化率，提供停车引导、一键停车、无感停车、自动结算和在线支付等便民智能服务。统筹社区租售及公共车位资源，创新车位共享管理机制，制度化、常态化更新社区停车配建指标，适应不同发展阶段对车位的需要。配备社区停车充电设备，支持第三方充电桩运营平台入驻社区，打造未来社区智能化便民共享充电服务平台，全天候、全时段满足未来社区新能源汽车充电需求。

（七）“规模化、品质化”的便民集成配送平台

集成配送方面，联合各物流企业及社区零售、餐饮配送企业，对社区物流进行整合和分类，统一管理，实现物联网末端追踪。收集居民对于末端派送的个性化需求以及售后意见和建议，实现配送员灵活排班、配班，统一安排派

送，并实时监控维护配送设备和智能蜂巢等存储设备的管理使用情况。在社区建设中，统一规划物流用房（仓储空间）、社区公共用房与物业用房用地，每个中转场至少配备一个员工休憩整备场所，完善社区物流技术设施配套。探索利用区块链溯源等技术，强化物流配送安全智慧化管理。

（八）“精细化、智能化”的新型配送手段

提高智能快递柜等社区智能配送终端覆盖率，覆盖半径满足社区居民需求，实现“3 分钟取货”。加速智能机器人、无人车、无人机等新型配送方式的试点与应用。引入“丰 Box”等绿色环保包装，针对生鲜等特殊货品，采用前沿冷链技术，实施供应链管理。

第九章　城市社区管理发展之微博化

第一节　微博概述

一、微博的概念和发展概况

微博类网站始创于美国，名为推特（Twitter）。推特是由埃文·威廉姆斯、杰克·多西与比兹·斯通共同创建的，而它的创建实属偶然。2005 年年底，多西加入了一家名为“Odeo”的广播公司，但当时该公司的业绩不佳，于是多西向埃文建议：向用户提供一个实时内容发布平台，每则信息不超过 140 个字符，以便用户以手机信息的方式进行发送。不久之后，公司的高层认同了该想法，并尝试在公司内部组建一个小型技术开发团队。2006 年 3 月 13 日，该技术开发团队正式成立。2006 年 3 月 21 日，多西发布了全球首则推特信息，内容为“邀请同事”。而后，该项服务被命名为“Twitter”，意为该平台将提供“简短无关紧要的信息，就像鸟鸣那样”。随着人们对这项服务关注度的提高，Odeo 公司成立了 Twitter 网站。2007 年 4 月，Twitter 脱离该公司并正式成为独立的运营公司。随后，Twitter 风靡北美，在 Twitter 上注册的不仅有美国前总统奥巴马这样的政治家，还有普通民众，如学生与上班族。Twitter 自创办之日至今，覆盖了 20 多个国家，截至 2021 年，推特每月有 330 亿活跃用户。推特以其特有的方式改变着人们生活的方方面面，深刻影响着人们的生活与工作。

随着推特业务覆盖全球，中国也引入了微博这一应用服务并开创了微博的中国化进程。新浪微博于 2009 年 8 月正式上线，并迅速成为中国最具影响力的网站。在新浪微博的带动下，各大门户网站纷纷开展了微博业务，中国微博产业迅猛发展，真正进入了微博时代。

微博这一概念是由美国推特网站的创始人埃文·威廉姆斯于 2006 年首次提出的，但当时的概念比较模糊。给予微博以较为完整定义的是美国学者查克拉巴尔蒂以及高卡，他们立足于技术应用的角度指出，微博是一种集合了手机传感器、无线网络、信息处理和空间可视四种要素的多媒体博客。① 卡普兰和汉伦则立足于信息传播学的视角，将微博定义为"一种基于互联网的交换工具，允许用户之间交换短篇内容，如句子、图像和视频链接等"。②

微博在我国蓬勃发展后，国内学者也相继对该领域进行研究，大多数学者立足于信息传播学的视角对微博的基本内涵进行界定。例如：李开复在其撰写的《微博：改变一切》中明确指出，微博就是每次发布不超过 140 个字的微型博客，是表达自己传播思想吸引关注与人交流最快的网络传播平台；喻国明等人在《微博：一种新传播形态的考察影响力模型和社会性应用》一书中指出，微博即微型博客（Micro-Blogging），是基于有线和无线互联网终端发布精短信息提供其他网友共享的即时信息网络。

显然，微博的概念不仅应从技术应用的角度出发对其进行概括，也应立足于信息传播学的视角。因此，笔者认为，微博是一种微型的博客，是一个基于传感器、网络等诸多技术应用，通过单向或双向的关注机制进行信息的获取、交流、共享等功能的广播式社会交往网络平台，它以 140 字左右的文字进行信

① GAONKAR S，CHOUDHURY R R.Micro-blog ：map-casting from mobile phones to virtual sensor maps[Z].Sydney，Australia，2007.

② KAPLAN A M， HAENLEIN. The early bird catches the news：nine things you should know about micro-blogging[J].Business horizon，2010，20（9）：1-9.

息的更新，并实现即时分享。

二、微博的基本特点和功能

（一）微博的基本特点

微博作为网络交往与传播的工具和平台，除了具有其他网络工具的共享性、交互性、开放性外，还具有传统网络工具所不具备的特点。正因如此，微博才能够成为互联网发展的新的热点。相对于传统的网络工具，微博具有即时性、便捷性、短小性、碎片化、信息传播的裂变性以及快速性的特点。

第一，从信息的产生来看，微博具有即时性和便捷性的特点。从根本上说，微博的即时性与便捷性是相伴而生的。微博不同于 QQ、博客、微信，即使在没有网络的情况下，微博用户也可以通过短信的形式对其微博进行更新，因此微博具有更为突出的便捷性。也正因为微博的这个特性，使微博的使用者不论何时何地，只要想发布信息，就可以随心而欲，这成就了微博的另一个特点，即微博的即时性。

第二，从信息的内容上看，微博具有短小性和碎片化的特点。而这种短小性恰恰迎合了现代社会快生活的需求。人们习惯利用等车、饭后休息等生活学习的闲暇时光上网浏览信息，在这种零碎的时间段内，人们往往会忽略长篇大论的文章，而短小精悍的微博则成为人们这时候的选择。微博的短小性也是微博如此受欢迎的原因之一。而微博的短小性这一特征也是其碎片化的根源，微博的内容较为简短，或两三句话，或一两个字符，或一个表情，这就造成了微博在信息传递上的碎片化，人们无法从简单的话语中得知全面的信息。

第三，从信息的传播来看，微博具有裂变性和快速性的特点。微博的传播方式不同于短信、QQ 等点对点的模式，“1—N—N”是它的传播方式。微博用户发布信息之后，它的粉丝随时都可以转发，也就是说，其受众是无限的。只要你发了一个让人感兴趣的微博，你的朋友转发了，朋友的朋友也可以进行分享、评论和转发，如此循环往复，微博做到了点到面的传播，实现了微博传播的裂变性。正是由于微博信息传播的裂变性，使得微博信息的传播速度大大提高，传播对象也瞬间由点及面。

（二）微博的功能

微博的基本功能有发布功能、转发功能、评论功能、关注（或收听）功能、搜索功能、私信功能、应用符号功能等，同时微博中有很多应用工具，方便用户使用。

第一，发布功能。用户可以像博客、聊天工具一样通过手机短信、手机网络、计算机终端来发布信息，微博中可以带有表情、图片、视频和音乐，也可以发起话题、创建投票。

第二，关注（或收听）功能。用户可以对自己喜欢的用户进行关注（或收听），成为这个用户的关注（或收听）者，一般称为粉丝（或听众），被关注的用户会收到一条系统通知信息，他的所有更新内容都会同步出现在粉丝（或听众）微博的首页上。

第三，搜索功能。用户可以在两个 # 号之间，插入某一话题。例如，某网站推广发出的微博，可以通过点击，自动搜索微博上所有包含“网站推广”的相关微博。也可以展开讨论，实现信息的聚合。微博中也提供了搜索框，可以在某一用户的微博内进行搜索，也可以搜索整个微博网站。

第四，私信功能。用户可以点击私信，给新浪微博上任意一个开放了私信端口的用户发送私信，这条私信将只被对方看到，实现私密的交流。

第五，应用符号功能。微博中有很多应用符号，了解这些符号，有助于更好地使用微博。

第二节　基于实例的社区管理微博化研究

随着智能手机和自媒体的普及，微博不但是一种信息传播手段，而且其本身也上升为变革力量之一，因此“社区管理微博化”也成为推进社区管理创新的一股重要力量。下面以浙江省宁波市海曙区江厦街道社区为例，对社区管理微博化进行简单介绍。

一、海曙区江厦街道简介

据传江厦街道源于宋代，因当时城墙外奉化江边有一座江下寺，后来在打造商贸商务核心区的时候，取谐音“江厦”。2003 年 10 月，由灵塔街道更名为江厦街道。江厦街道处于一个三角形的地理位置，街道东濒奉化江，南至兴宁桥西，西邻解放南路，北靠中山东路，面积为 1.43 平方千米，辖区内常住人口不到 2 万人。在街道积极招商引资的过程中，江厦地区建立了现代服务业结构，按照软硬件设施建设的要求，来进行现代化街道的建设。这种经济总量和增量，在全区八个街道中一直处于龙头地位。

江厦街道辖区中有四个社区居委会，分别是新街、郡庙、莲桥、天封，自古以来都是当地商业繁华的街区，不仅对外交往十分频繁，还为宁波当地的经济社会发展提供了强大动力。可以说，江厦街道具有历史缩影作用，素有“走遍天下不如宁波江厦”的美称。宁波最大的购物休闲广场，就是坐落在江厦的天一广场。“实力江厦、魅力江厦、和谐江厦”是江厦街道的建设目标，在推动街道全面协调发展的过程中，根据街道社会环境的建设，在保持区域经济良性发展的同时，发挥出其积极的商业作用，以独特的软件、硬件设施吸引更多投资。在培养和发展江厦商贸社区的过程中，实现了现代业务环境的建设，能够以经济总量持续高升的状态为当地经济作出贡献。

二、海曙区江厦街道社区管理现状

（一）管理主体

在城市社区中，管理主体的角色分为三个部分：社区居委会、小区物业、小区业主委员会。

1. 社区居委会

根据《中华人民共和国组织法》可知，社区居委会是一个基层群众性自治组织，主要是为了实现社区民众进行自我管控、服务、教育、监督而建立的。没有设立区的市政府抑或是其派出机构承担着指导、协助及支持居委会工作的责任，而居委会也需要给予没有设立区的市政府抑或是其派出机构能力之内的工作帮助。

居委会的主要任务如下：第一，对我国法律法规、政策措施进行有效的宣传，保护社区民众的合法权利和利益，教导居民按照法律承担相应的义务，保护社区公物，组织和推进社会主义精神文明建设工作，如开展比赛等；第二，对本地居民的相关公益事业、公共事项进行妥善处理；第三，对居民之间的矛盾和冲突进行及时有效的调剂；第四，帮助相关部门和机构共同维护社会稳定；第五，为政府及其派出机构的科教文卫等相关工作提供一定的支持；第六，根据事实给政府部门或者派出机构提供和发表合理的看法和建议。

现在，海曙区江厦街道的社区共有 4 个社区委员（含书记）、34 个社区工作人员，共计 38 个成员，平时的工作和责任需要海曙区江厦街道的合理引导，相关工作人员的酬劳、工作所需经费也需要从街道获得，居委会主任也是街道派驻社区工作站站长。

2. 小区物业及业主委员会

根据我国《物业管理条例》，物业和小区业主属于供给关系，前者提供服务，后者接受服务，双方存在一定的契约关系。小区物业属于企业性质，主要是为了营利。而业主委员会则是全部业务的代表，该身份是受到法律肯定的，主要承担着和物业谈判、监管和督促物业按照合同承担义务、协调物业与业主矛盾等职责。

若是把社区居住的民众视作需求方，把物业、居委会及业主委员会视作服务提供主体，则街道及公安局派出机构是国家的重要代表，社区中众多公司是重要的市场主体，此时，非政府组织和社区管理的供需者之间不可避免地存在一些关联，会影响社区服务水准。

3. “主体”之外的第三方

社区卫生服务中心。2003 年，海曙区江厦街道建立了社区卫生服务中心，从本质上讲，它是政府机关给予补贴的一个基层医疗机构，受宁波医疗卫生部的监管。社区卫生服务中心主要服务于所有有需求的市民，而并非只针对海曙区江厦街道社区民众，同时它可以协助大医院，实现分流以及转诊等。在小病诊治、常规健康检查等方面，社区卫生服务中心具有很好的作用，也获得了很多市民的肯定和赞赏。

派出所。街道中心是海曙区江厦街道派出所的位置所在，因此虽然四个社区处于人口流动较为频繁的地段，但是整体治安处于一个较高的水准。近年来，社区没有出现过暴力犯罪事件。同时，居民有需要时，在派出所可以获得较为理想的服务。

社区内、外的企业。因为海曙区江厦街道社区的居委会属于基层性质的群众自治机构，故而日常经费主要是从街道获得的，这些经费支撑着居委会的运作，支持其提供服务。故而，得到市场企业的资助可以促进居委会的发展和完善，可以让居民获得更充分、更优质的服务。

社区内进行活动的社会组织。在整个江厦街道，一共存在六种社会组织，主要是社区的志愿者队、编织队、老年模特队等，而且这些组织都是合理合法通过民政部门备案的，可以有效优化居民的自我管理服务水准。

（二）管理客体

在城市社区中，管理的客体除了居民外，还包括其辖区内的企事业单位、社会团体和协会组织。其管理的内容主要包括在社区中对所有成员而言具有共性的地区性事务，涉及社区里各成员相互关系的社会性事务，即涉及群众利益，需要广泛参与的群众性事务，有利于整个社区，而不限定任何特定成员的公益性事务。社区管理主要针对地区性事务、社会性事务、群众性事务和公益性事务等多种事务进行，服务于社区内的公民，保证社区内的各项事务能够有条不紊地进行。具体的管理内容较为琐碎，多种多样，保证社区内群众的日常生活可以有序进行，遇到麻烦可以及时解决，发生纠纷可以有效处理，同时提升社区群众的生活环境，居民安全，和谐共处，丰富群众娱乐生活，倡导公益活动并组织各种无偿性服务活动，等等。而江厦街道社区作为城市中心社区，拥有宁波建成最早、规模最大的中央商务区——天一广场，以及近 40 栋商务楼宇。其管理客体较一般社区而言，最大的不同在于其辖区居民户数与企业户数基本持平，辖区共有居民 6 375 户，各类企业近 7 000 家，商居互动、协调事务占据了该社区管理工作的很大一部分。①

（三）社区管理日常运作

海曙区江厦街道社区居委会的日常运作主要包括以下几点。

第一，完成政府安排的工作项目。政府为街道社区居委会安排的工作主要

① 林琳．“社区管理微博化”推进社区管理创新的探索——以海曙区江厦街道为例 [D]. 浙江：宁波大学，2017.

包括综合管理、社保、低保、计划生育、劳动监察、消防检查、机关普查、调研等，这些工作占社区居委会工作内容的90%，为了节省更多的人力、物力和财力，一般居委会会对上述工作进行适当的简化。

第二，做好居民纠纷的调解工作。当社区居民间发生纠纷需要进行调解时，如发生肢体接触导致身体受伤时，居民一般会寻求法律途径来解决纠纷。由于社区人力和物力有限，一般在面对居民纠纷的时候很难主动介入。

第三，在纪念日、节假日安排社区活动。例如，在科普日社区可以开展科普讲座，在教师节可安排教师节晚会，等等。

第四，组织社区外机关或组织提供的社区服务。社区外的机关或组织出于公益或自身非营利性目的而开展的健康讲座、青少年咨询等活动需要居委会配合工作。

三、海曙区江厦街道“社区管理微博化”的运行机制

江厦街道在探索社区管理微博化进程中，制定微博参与各方的行为准则，明确社区管理微博化的流程、内容等细则，确立危机处理的程序，特别是将监督、问责等列入绩效考核范围。同时，规范心态、语态，对于舆情、民意及时回应、分类处理，重点把握议题引导、舆论转向等，提高引导力。

（一）建立信息源畅通机制

对微博信息给予关注，时刻关注居民在微博中反映的问题，保证居民的意见可以顺利提交，从而形成一个良好的微博信息收集系统。保证信息可以及时提交并被查阅，是社区微博的“进口”。同时，对各项信息进行整理，了解社区微博的使用规律以及使用特点，从而深入了解居民对微博的兴趣以及关注的热点信息；充分重视用户通过微博传达的心声，将各种事务进行分类处理，对一些正能量的信息要予以支持，并扩大其影响力，而对于愤世嫉俗的负能量要适度予以针砭。例如，江厦街道通过社区管理微博宣传相关政策，及时跟踪发布辖区内近200家企业及其金融信息，第一时间掌握关键线索，预警多起金融事件，较好地维护了社会和谐稳定。而推进网上咨询、线下落实的有效对接是社区管理微博化的“出口”。同时，将社区管理微博化与其他政府热线和落地服务项目联系起来，开拓了社区管理创新的新思路、新方法。保证信息可以有效提交的同时能被快速处理并有序输出，保证社区微博可以在社区管理中切实

发挥作用，及时反馈相关信息，与居民实现良性互动并保持长久稳定关系。

（二）培育公民自主参与机制

社区管理微博化的全面实现是以诚信、信任为基础的一种创新型社区管理理念，因此需要多方参与并且形成一个联动局面。社区管理微博化需要的是整个社区的参与，因此社区管理微博化的全面实施，不仅要从社区相关管理人员方面着手，公民也要有参与社区管理微博化的意识，并且通过微博管理中所传达的正能量以及提倡的相关建议，不断提升自我素质，实现自治。江厦街道在社区管理微博化的探索中，实行微博先行制，在微博管理的过程中实现对微博上的建议与意见及时反馈并充分重视，从而推动社区自治的步伐。例如，在背街小巷整治中，江厦街道天封社区通过发起整治方案微博征集意见、整治阶段微博跟踪、推行微博评论监督等一系列微博互动，收到建设性意见建议 70 条，问题类反馈 56 个，使整个整治过程顺利进行，并符合政府要求，达到居民期许。而整治完成的后续管理，也由居民自发在微博上发起“小巷总管”的招募，表明其参与意识、自我管理能力得到有效组织和提升。此做法有利于调动社区居民参与到微博管理中来，提升自我管理意识，逐步推动社区微博管理的有序推进，并充分发挥社区微博管理的作用，最终实现社区的自治。

（三）完善社会情感激励机制

在社区管理的过程中不难发现，情感管理是其中的一个重要部分。中国有句俗语叫“远亲不如近邻”，因此，社区居民的情感动员与社会参与对社区微博化管理的全面实施甚至是社区自治的全面实现，都具有一定的推动作用。社区中的一些公益事件要做到及时传播，从而实现文明社区的构建，营造良好的社区氛围，并号召社区居民参与各种公益事件，发扬良好的品德，将尊老爱幼、乐于助人等正能量通过微博进行宣传、转发，快速扩散。江厦街道郡庙社区是老小区，配套设施不完善，社区老人缺少休憩之处。此情况在社区微博上发出后，社区居民、辖区爱心企业纷纷出钱出力，不仅在小区空地处安装了休闲椅，还为其提供了保养维护的后续服务。在社区管理、文明风尚方面，有效的社会动员把“围观”转化成了行动力。郡庙社区的这一做法便是充分利用了社区微博管理的作用，从而实现了良好的社区管理效果。我们可以将这种作用发挥到其他方面，充分利用这种情感动员提高社会参与度，从而提高社区管理效率，实现社区自治，构建和谐社区。

四、微博加入海曙区江厦街道社区管理的作用

（一）社区管理微博化成为社区管理的新领域

从微博舆情来说，这个平台能够在汇聚民意、收集民智的同时，以虚拟社区的管理功能填补人们的生活，以社区管理的研究为核心，根据社区空间中的居民需求，进行平台内容的填充和调整。2011 年 8 月 25 日，江厦街道举行了第一次微博论坛，给现代社区管理提供了一个重要平台。这种能够根据民生、民意来进行舆情汇聚，并对微博舆情进行引导的信息传播渠道非常新鲜，能够通过信息排查的方式提高政府管理舆情的效果。

（二）微博成为社区舆情的重要来源

网络的虚拟社会与现实社会之间并非完全相同，因此微博用户不会受社会地位、受教育程度等因素的制约，人们可以在网络空间里发表意见、探讨问题。微博没有什么准入门槛，所有人都可以参与到舆情信息传播中，从而使微博更加平民化。近几年微博注册人数逐年增多，已经拥有了庞大的用户群体，这些用户可以通过昵称以及实名认证的方式在微博中参与讨论，从而引发微博舆情。

网络媒体具有成本低、互动性强、操作便捷等特点，网络媒体已经成为群众普遍运用的自媒体。在自媒体时代，群众已经不再被动接受信息，而是实现了信息的反射传播。中国传媒大学网络舆情研究所对当前网络热点事件进行了盘点，发现微博在热点事件、突发事件出现时具备强大的首报功能，从而实现了以微博为舆论载体的格局。微博内容短小精悍又及时更新，方便快捷，从而形成了一个强大的舆情平台。因此，在速度优势、成本优势、便捷优势、效应优势之下，微博已经成为当前影响力较强的舆论载体。

（三）微博可影响社区舆情效应

传播的及时性、互动的便捷性以及转发的裂变性使微博可以快速影响社区舆情效果。微博利用积羽成舟的力量，可以快速地将舆情从线上转到线下，从而给整个社会的舆论起到极大的引导作用，引起一系列的社会效应。

微博的双向互动性以及粉丝的关注、互评论、共分享包括“@”的功能等都可以推动舆情的传播，微博的用户及其传播者与受众之间可以实现关系的对等，传播者与受众都是舆情传播的主体。在这种情况下，受马太效应以及螺旋效应的影响，舆情信息会快速地传播，产生社区舆情效应。

中国传媒大学网络舆情研究所的调查结果显示，在微博用户中，强大的内驱力是猎奇心理，用户在使用微博的过程中，他们更多是为了获得关注、享受整个互动过程并且是以看热闹的态度。微博是以个人微博为主流，而自己周边的亲戚、朋友、同事、名人等个人微博是用户关注的焦点，尤其是实名认证的名人微博，或者是人气王等，他们在舆论的引导中起着重要的作用。在各种心理需求之下，微博用户的自我展示欲、追星欲等都可以得到满足。他们通过微博的信息共享、情感沟通、社交交流等实现个性化的展示。因此，微博可以产生社区舆情效应，是舆情传播的载体以及平民阶层参与舆论的主要平台与途径，微博已经成为舆情发展以及社区舆情效应的主要推动平台。

五、“社区管理微博化”推动海曙区江厦街道社区管理创新

（一）保证民意表达的顺畅性

在信息飞速发展的时代，微博已经在网络中掀起了一股发展热浪，公众甚至开始通过微博来关注政治生活，微博成为公民实现知情权、参与权、表达权和监督权的一大途径。在微博的快速发展之下，民意的表达更加便捷、顺畅，党和政府在此形势下顺势而为，充分利用微博，将其变成了解民意的一大工具，构建微博对话平台，通过微博了解民众的想法，从而推动官民高效互动。

在江厦街道社区管理微博化的探索进程中，越来越多的民众体验了这种与政府直接对话的新途径，民意的采集也更为直接和全面，减少了各种人为加工环节。例如，在郡庙社区老庙改造方案的展示微博中，各种评论意见近千条，同时根据微博找到了城隍庙商圈最早的一批员工来参与老庙的改造工作。

（二）提高矛盾化解的有效性

微博的快速发展使其成为公众获取资讯与舆论的重要途径。微博会快速将突发事件传播开来，从而与传统媒体之间实现舆情倒灌、信息共享，并构建舆情监督平台。在社区管理的过程中，应充分利用微博，以官方话语的形式，使

矛盾的化解更为有效、快捷，利用微博进行舆论引导，减轻人员工作负担，真正实现事半功倍。例如，在新街C块市场空调外机悬挂事件中，社区居民和市场经营户产生了矛盾，市场经营户需要良好的管理环境来提高竞争力，而社区居民担心空调外机对生活产生污染。新街社区微博第一时间公布挂机悬挂方案，征求多方意见，并请环境污染等相关专家在社区微博上现身说法，与居民进行实时互动，还就补偿方案进行公示，第一时间还原事件真相，及时化解相关矛盾，使得该事件在半个月内完美解决。

（三）构建社会发展的和谐性

公众利用微博参与公共事务，在发表看法的同时，实现了对社区管理的有效监督，将微博有效地运用到社区管理进程中，其去中心化的作用日益突显，使社区管理不断向草根化发展。微博舆论的自净化能力对整个社区管理发展的作用也日益明显，正确对微博舆情进行引导，加强社区管理的有效性，充分发挥微博舆论的正面作用，从而实现网络虚拟管理与社会实践管理的结合，保证社区管理的多样化、草根化、创新化发展，加强社区管理的有效性，促进社区和谐建设，促进社会主义和谐社会的构建。

江厦街道在社区管理微博化中把社区的“三务公开”直接放到微博上接受公众的监督，并将每月工作计划和小结也通过微博向公众公开，采集公众对社区管理工作的意见和建议。通过社区管理微博化，使社区居民实现“我的社区我做主”的愿景。同时，在社区管理微博化探索过程中，江厦街道在每年由区民政局主导、第三方调查机构具体负责实施的社区居民满意度测评中，排名稳步上升，从宁波市海曙区倒数第一到如今的第二名。

参考文献

[1] 何威 . 城市社区协商治理研究 [M]. 北京：中国社会出版社，2020.

[2] 李骏，张友庭 . 超大城市的社区治理：上海探索与实践 [M]. 上海：上海人民出版社，2019.

[3] 梁玉忠 . 城市社区管理研究 [M]. 长春：吉林人民出版社，2020.

[4] 刘娴静 . 当代中国城市社区治理 [M]. 北京：知识产权出版社，2019.

[5] 石兵营 . 城市社区治理 [M]. 北京：中国社会出版社，2019.

[6] 冯皓 ."互联网 + 城市社区公共服务"精准供给探析 [J]. 纳税，2017（11）：58.

[7] 桂舟 . 新时代城乡社区联动治理探析 [J]. 郑州师范教育，2021，10（6）：41–46.

[8] 郭克楠，周堃，尹小虎 . 新时代高校社区志愿服务育人路径的探索与实践 [J]. 青少年研究与实践，2022，37（1）：80–86.

[9] 刘丹，邓恩 . 浅析我国城市社区文化中心管理机制创新 [J]. 湘潮（下半月），2011（5）：57–58.

[10] 刘伟 ."互联网 +"背景下城市社区公共服务精准化供给 [J]. 管理观察，

2017（35）：36–37.

[11] 孙莹莹.新时代社区工作者的情绪管理[J].唯实(现代管理)，2018(12)：10–11.

[12] 王立群.新时代大学生社区志愿服务实践平台建设路径研究[J].珠江论丛，2021（z1）：167–180.

[13] 王梦莹.社区生态管理视角下社区工作者心理建设定性分析[J].黑龙江科学，2022，13（2）：142–143.

[14] 王振波."互联网+"驱动下的城市社区居家养老服务优化研究[J].新疆大学学报（哲学·人文社会科学版），2017，45（6）：38–45.

[15] 徐翠云，段俊毅.我国西部城市社区文化管理的问题及其对策[J].技术与创新管理，2012，33（1）：107–111.

[16] 许远旺，陈茗.社区工作者职业化管理改革路径与政策启示[J].中国集体经济，2022（2）：113–115.

[17] 叶南客，陈金城.我国"三社联动"的模式选择与策略研究[J].南京社会科学，2010（12）：75–80，87.

[18] 张鸣春.探寻城市社区物业管理的发展之道：研究综述与未来展望[J].复旦城市治理评论，2021(1)：3–39.

[19] 张丹青，陈路.城市社区管理与"代表先进文化的前进方向"[J].云南社会科学，2001（S1）：85–86.

[20] 张艳，唐红艳.大学生社区志愿服务品牌化形成探析[J].老字号品牌营销，2021（12）：25–27.

[21] 赵金先，陈涛，蒋克洁."互联网+"城市社区治理模式初探[J].中国储运，2019（12）：103–105.

[22] 赵香生，唐婧.创新医院文化管理功能 提高城市社区卫生服务水平[J].现代医院，2007（7）：152–153.

[23] 甘露，韩隽.城市社区为何热衷于网格化管理[J].人民论坛，2018(13)：70–71.

[24] 周来，刘丙利 . 高校大数据平台的设计及应用研究 [J]. 数字技术与应用，2021，39（2）：127–129.

[25] 宗成峰 . 中国“互联网 +”城市社区治理：挑战、趋势与模式 [J]. 城市发展研究，2020，27（10）：23–27，46.

[26] 兰玉果，兰显锐，唐璠 . 智慧社区管理系统建设方案 [J]. 广播电视网络，2022，29（4）：73–75.

[27] 邓国璋 . 社区网格化管理及智慧社区建设分析 [J]. 产业与科技论坛，2021，20（21）：217–218.

[28] 包笑 . 内蒙古城市社区网格化管理成效研究：以新冠肺炎疫情防控为例 [J]. 中国建设信息化，2021（19）：72–73.

[29] 刘佰华 . 规范档案管理 推进城市社区建设 [J]. 兰台内外，2021（24）：15，17.

[30] 王萍，刘诗梦 . 从智能管理迈向智慧治理：以杭州市西湖区三墩镇“智慧社区”为观察样本 [J]. 中共杭州市委党校学报，2017（1）：75–81.

[31] 李雅琦 . 社区文化设施建设与管理服务研究：以济南槐荫区为例 [J]. 中小企业管理与科技（上旬刊），2021（4）：146–147.

[32] 解萍 . AIoT 技术在智慧社区管理系统中的应用 [J]. 信息与电脑（理论版），2021，33（3）：87–89.

[33] 刘皓蓉 . 社区管理中的智慧社区模式引入探究 [J]. 湖北师范大学学报（哲学社会科学版），2021，41（1）：26–29.

[34] 田昭 . 回归与创新：新时代城市社区治理的发展路径 [J]. 学习与实践，2019(4)：92–99.

[35] 匡梦叶 . 社区发展视角下城市社区公共事务治理机制研究：以 G 市 S 社区为例 [J]. 劳动保障世界，2018(36)：57，60.

[36] 王继冬 . 泰安市城市社区发展与基层自治对策研究 [J]. 管理观察，2018(22)：62–64.

[37] 李乐辰 . 城市社区管理中的公众参与 [J]. 城市建设理论研究（电子版），

2018(4)：189.

[38] 王伟，李成仁，许书影 . 基于二三维 GIS 的智慧社区管理系统 [J]. 地理空间信息，2017，15（7）：6–9.

[39] 商海生 . 社区自治是促进社会和谐的重要途径：城市社区管理模式探讨 [J]. 智慧中国，2020（z1）：114–117.

[40] 马馨 . 创新社区管理　提升社区服务功能 [J]. 办公室业务，2019（10）：52.

[41] 杜莉佳 . 我国城市社区治理中的志愿服务管理研究 [J]. 法制与社会，2019（14）：159–160.

[42] 张霸筹 . 我国社区管理与服务智慧化路径探析 [J]. 佳木斯职业学院学报，2019（4）：57–58.

[43] 王延亮 . 智慧社区服务管理平台的研究与设计 [J]. 数码世界，2019（1）：114.

[44] 于礼 . 城市开放社区管理模式创新问题研究 [J]. 太原城市职业技术学院学报，2018（9）：13–15.

[45] 刘文涛 . 瞄准“五化”的社区服务管理新模式 [J]. 质量与标准化，2018（7）：39–40.

[46] 刘雷 . 新形势下社区服务管理模式创新研究 [J]. 现代物业（中旬刊），2018（3）：14.

[47] 张飞霞 . 社会工作视角下社区志愿服务组织管理体系优化研究 [J]. 改革与开放，2017（15）：82–83.

[48] 晁霞 . 优势视角下“三社联动”创新城市社区服务管理机制探索：以北京亲民社会工作事务所“三社联动”服务项目为例 [J]. 产业与科技论坛，2017，16（9）：108–109.

[49] 张熠，戴沁迪 . 互联网社区管理创新模式研究 [J]. 中国集体经济，2017（6）：116–117.

[50] 张锋 . 超大城市社区技术治理的反思与优化 [J]. 学习与实践，2022(3)：

72–81.

[51] 卢韦，姜岩，张金慧 . 搭建全模式社区服务管理平台：以北京市朝阳区亚运村街道为例 [J]. 发展，2016（11）：61.

[52] 谢艳新 . 大数据时代下的社区服务管理机制研究 [J]. 农业网络信息，2016（1）：23–25.

[53] 邱蓓 . 社区志愿服务的管理策略 [J]. 科技与企业，2015（18）：18.

[54] 李荣侠 . 试论社区文化管理 [J]. 现代交际，2012（5）：52.

[55] 黄恋婷 . 我国城市社区治理中社会工作的参与研究 [J]. 智能城市，2021，7(22)：54–55.

[56] 张洪蕾 . 城市社区网格化管理中的公众参与研究 [D]. 南宁：广西民族大学，2022.

[57] 刘蕊 . 城市社区管理居民满意度研究 [D]. 乌鲁木齐：新疆农业大学，2020.

[58] 蔡佳蓉 . 昆山市陆家镇社区服务社会化项目管理研究 [D]. 扬州：扬州大学，2018.

[59] 铁文博 . 我国“街道办—社区”管理模式创新研究：以西安市 H 街道办事处为例 [D]. 西安：陕西师范大学，2018.

[60] 李玉洁 . 农民市民化进程中的社区管理研究 [D]. 石家庄：河北科技大学，2019.

[61] 贾娜娜 . 智慧社区服务管理系统的设计与实现 [D]. 济南：山东大学，2019.

目　录